历史其实很精彩

扯下帝王的遮羞布

晓风残月 著

中国画报出版社·北京

图书在版编目（CIP）数据

扯下帝王的遮羞布 / 晓风残月著 .—北京：中国画报出版社，2009.4
（2025.6 重印）

ISBN 978-7-80220-487-4

Ⅰ . 扯…　Ⅱ .①晓…　Ⅲ . 帝王—政治—谋略—中国—古代　Ⅳ .D691

中国版本图书馆 CIP 数据核字（2009）第 056635 号

扯下帝王的遮羞布

出版人：	田　辉
责任编辑：	齐丽华
出版发行：	中国画报出版社
	（中国北京市海淀区车公庄西路 33 号，邮编：100048）
策划制作：	膳书堂文化
电　话：	010-88417359（总编室兼传真）　010-88417359（版权部）
	010-88417418（发行部）　010-68414683（发行部传真）
网　址：	http://www.zghbcbs.com
电子信箱：	cpph1985@126.com
印　刷：	金世嘉元（唐山）印务有限公司
监　印：	焦　洋
经　销：	新华书店
开　本：	700mm×1000mm　1/16
印　张：	13
字　数：	25 千字
版　次：	2009 年 6 月第 1 版　2025 年 6 月第 2 次印刷
书　号：	ISBN 978-7-80220-487-4
定　价：	58.00 元

如发现印装质量问题，请与承印厂联系调换。
版权所有，翻印必究；未经许可，不得转载！

序 言　扯下帝王的遮羞布

据记载，我们国家有五千年的文明历史。可是，这五千年来，主宰中国的帝王看起来忙忙碌碌，其实主要就围着两件事来进行的。

这两件事就是——夺取皇位和保护皇位——这是两件天大的事。家天下啊，家事也是国事、天下事也！

纵观浩瀚的史书，无一例外，浓墨重彩处记录的就是这些皇权斗争。即使史书记载了别的内容，也与皇权斗争分不开。孙中山先生就曾说过，几千年来历史上的争斗，争的都是皇帝的宝座。

所以，中国历史的智慧，也集中体现在皇权斗争上。

何为皇权斗争呢？

这可不是一两句话能说清楚的，历史上无数的人都栽在了这个庞大的课题中。这些人忙了大半辈子，也没有总结出几条经验和教训。为什么呢？因为这些人大都脑子有病，当然，仅仅是精神疾病而已。他们脑子中有一个大大的障碍，那就是——他们永远仰视着皇帝。他们视皇帝为神仙，为圣人。

皇帝自己呢，当然也明白这其中的道理。做过天王的洪秀全就说过，大家伙知道我为什么造这么多宫殿吗？我那是为了增加皇帝的威严啊。这倒是说出了实质，他，还算有点本事了，毕竟教过书，而更多的皇帝，除了读书，第一份工作就是当皇帝。他们不依靠外在的东西支撑门面，天下还有几个人迷信他们?

当然皇帝故弄玄虚的办法多了去了,盖唬人的宫殿,仅仅是小儿科而已。

高高在上的皇帝老儿,总是戴着一层面纱,这层面纱就是遮羞布。

今天,该扯下这些帝王们的遮羞布了。

在本书中,你会看到,皇帝,也就是那么个东西,和邻居家爱哭的娃娃相似,和街道上欺负人的混混类似,甚至于,他们的德行连这些人都比不上。但是,他们却坐上了龙椅,享受着荣华富贵。

这里面当然有玄机。不然,绝大多数有野心的人怎么当不上皇帝?

什么玄机呢?

那就是,他们掌握了皇权斗争的诀窍。

本书,和别的书不一样,那是因为,本人从不仰视皇帝,一脚就把皇帝踹到了地上,然后,把这些皇帝们拉到放大镜下,仔细地瞧,看他们是如何争得皇位,又是如何保住皇位的。当然,没争到皇位的那些家伙,本人也不嘲讽。毕竟,他们的经验,也是挺宝贵的嘛。

用这种态度看皇权斗争,你就会发现,过去的史书,有那么多的荒谬。

皇权斗争,其实也挺好玩的。但是好玩的背后,其惨烈情况却让人毛骨悚然。一部皇权史,其实也是一部血腥史,一种肮脏的权力和金钱的交易。

不信?

那你就翻开本书,慢慢读来,从茅草宫殿里的尧、舜、禹,到明清的列位皇帝,他们争夺皇权的一幕幕,在本书中都一一有所描述。绝对精彩,不容错过。

目录

○○一 / **茅草宫殿里不能深究的禅让**

　○○二 / **尧：在宫廷"熬"一锅热汤**

　　○○二 / 出生：不能说的秘密

　　○○三 / 夺位："熬"得了破宫殿

　　○○六 / 终结：一个老头引发的思考

　○○八 / **"禅让"的真相——舜逼尧**

　　○○八 / "禅让"遮羞布下的较量

　　○一四 / 不是一个人在战斗

○一七 / **"家天下"的开端**

　○一八 / **夏朝：史前的权力斗争**

　　○一八 / 源自杀父之仇的夏朝

　　○二三 / 桀和汤：权力和美女

　○二六 / **周代商，暴政与德政**

　　○二六 / 商汤原来是这样的

　　○二七 / 暴政与德政的较量

○三一 / **皇权争夺的首次预演**

○三二 / **黑衣秦国的统一之路**

○三三 / 强秦与可怜的东周

○三五 / 秦朝,为什么这么强大?

○三七 / 是谁亡了秦,赵高、李斯、项羽、刘邦?

○四四 / **刀光剑影,楚汉争霸**

○四四 / 项家造反势力

○四七 / 痞子刘邦粉墨登场

○五○ / 当英雄遇见了痞子

○五九 / 刘邦与项羽的尖峰对决

○六四 / **大汉:皇权争夺白热化**

○六四 / 刘邦:老婆篡权,兄弟打架

○七二 / 王政君:最有权的女人被忽悠了

○七九 / 王莽:皇帝可不是好当的

○八六 / 曹操:不当皇帝,胜过皇帝

○九四 / 曹丕:禅让原是这么回事

○九五 / 司马懿 VS 诸葛亮

○九八 / 西晋的终结者:贾南风

一○七 / **隋唐,一家人过家家**

一○八 / **二世隋朝的皇权之争**

一○八 / 隋:姥爷与外孙打架

一二○ / **智慧和阴谋并起的大唐**

一二〇 / 唐：表兄弟之间的斗争

一二八 / 惊心动魄的玄武门之变

一三七 / 宋元，一个太富有，一个太野蛮

一三八 / 宋朝，因有钱而惹祸

一三八 / 手段高明的黄袍加身

一五一 / 烛影斧声为哪般

一六〇 / 荒唐的元朝

一六〇 / 被争来抢去的权力

一六四 / 元朝灭亡的真正原因

一六九 / 明清 = 乞丐 + 太监 + 女人

一七〇 / 明朝的乞丐和狠人

一七一 / 从夹缝里钻出来的皇帝

一七九 / 伯父和侄子，看谁狠！

一九四 / 一个女人和大清王朝

一九四 / 媲美武则天的大清第一女人

茅草宫殿里不能深究的禅让

几间茅草房，不能遮雨，不能挡风，还要不时地提防着野兽来攻击，这就是远古时期尧、舜、禹的宫殿。用今天的眼光来看，再也没有比这更简陋的政府机关了。可是，令各位看官无法想到的是，中国最早的宫廷斗争就是发生在这些茅草宫殿里的。

争夺这茅草宫殿主导权的不是别人，正是中国历史上鼎鼎有名的大人物。这几个大人物，每个中国人都知道，他们就是——尧、舜、禹。

尧：在宫廷"熬"一锅热汤

尧，本名叫放勋，封地为唐。这是最早出现的"唐"字，经清末民初国学大师王国维考证，乃热汤之意。好汤，必须借助于"熬"的功夫。放勋，其实就是一个最会"熬"的人，他不仅会熬汤，更熬住了被父母抛弃之痛，熬住了独守异地的寂寞，熬住了兄长夺位的危险。最终，他顺利地从放勋熬成了尧帝，成为"五帝"之一。

出生：不能说的秘密

据记载，尧出生的时候，他的爸爸帝喾已经94岁了。懂点医学常识的人都知道，94岁的老爷爷，已经是垂暮之年了，怎么可能还老来得子呢？这里边大有文章。而且，我们还可以从史书上关于尧出世的记载中得出点线索来。当时，帝喾的三太太，也就是尧的老娘，跑去给帝喾讲故事，说啊，她一个人出门到河边去，遇上一条赤龙，驾着阴风，把她吓坏了。被吓着，事还小，事情大就大在，这三太太被赤龙一吓，就吓出了身孕。

如果把这故事讲给现代人听，怎么都觉得尧他娘给他爹讲的这个故事，有点编瞎话的嫌疑。这个赤龙也太厉害了，一阵阴风就把尧他娘给弄怀孕了。

尧可能是他娘一夜情的结果，但至今没有历史考证，就权当作者的一个猜测好了。这尧在娘肚子里整整待了十四个月才降临人世，着实有点不同凡响。虽然小尧长得眉分八彩，大下巴、尖脑壳，人见人爱，可他娘把这个大胖小子抱着送给帝喾看的时候，帝喾满脸地不高兴。他没有一点表示，只是送了个名字，叫"放勋"（"尧"是这个小子当了部落盟主的时候的名字，原来一直叫"放勋"。为了看官熟悉，下文就一直称呼"放勋"为"尧"）。

帝喾还是个厚道人，除了送给小尧一个名字外，还给他划了块封地唐，让尧就住在那里，别回来，眼不见心不烦嘛。

而后，小小的尧就在唐地生活着。这唐地也不是很远，就在帝喾的办公地点——河南濮阳北边三百公里外。

夺位："熬"得了破宫殿

在唐地，孤单寂寞时时袭击着年轻的尧。独坐茅草屋里，看着满天的星星，尧苦苦地思考着，父亲为什么就那么不喜欢自己呢？此时他心里的滋味该是多么难受啊。但这还不是最让尧伤心的，最让尧伤心的是，破旧的茅草房子既不能挡风雨，又不能防范野兽的攻击。假

如遇到野兽的话，除了燃火吓唬，就再也没有别的办法对付了。

拿着石斧子，抓点野兽充饥，弄点毛皮穿衣服，幼小的尧就这样生活着……

既然父亲不待见他，他就不能依靠父亲，只能自力更生，自己的事情自己做。从小的磨炼，使得尧学会了生存之道，更懂得了政治的艺术。事实上，正是没有父亲在身边时时刻刻管教着，他的政治才华发挥得更加充分。可不，他的声望与日俱增，甚至超过了他的哥哥"挚"，很多人都跑到尧的办公地点去看他呢。

帝喾在尧出生的时候，就已经94岁了。尧长大一岁，帝喾就年迈一岁。在尧十几岁的时候，业已一百多岁的帝喾不得不离开人世了。帝喾在去世之前，做了一个选择，那就是他的位子留给谁的问题。注意，禅让只出现在尧舜禹时期，帝喾可没准备把自己的位子传给别人，他是要留给自己的儿子的。

尧有一个哥哥，也就是帝喾的长子，名字叫"挚"。这"挚"人比较软弱，根本没办法镇得住那些部众们。知子莫如父，关于这一点，帝喾不会不知道。可他在考虑部落盟主人选的时候，却抛弃"仁义如天、智慧如神"的儿子尧而考虑软弱的"挚"。在临死前，帝喾把象征盟主的玉斧交给了长子"挚"。

在尧的心中，他将自己的前途比作一锅汤，父亲在世的时候，尧在用文火慢慢地熬。"熬"汤用完了文火，就得用武火了。面对着盟主的位置，尧该怎样烧这把"武火"呢？直接去夺过来？这是莽夫的行为，聪明的尧可不这么做。

尧的办法很简单，既然哥哥当部落盟主，那就让他当好了。虽然父亲去世了，但他还待在封地唐，不回父亲的居处河南濮阳。毕竟，唐地才是尧经营多年的小世界。在那里，他不断地结交哥哥部落的豪杰，慢慢地笼络他们。

各位看官知道了尧的策略了吧。他哥哥虽然拿着父亲给的玉斧，住在父亲的茅草宫殿里办公，可是那些手下员工却被尧悄悄地给"猎头"过来了。即使尧没有将那些员工"猎"过来，也被尧灌了"迷魂汤"，使得那些员工都不听话了。结果，"挚"发现，自己虽然当了CEO，可公司的运转不灵。软弱的"挚"每天忙得灰头土脸，华夏部落却四方扰乱，政事微弱，这让他很是难受。

坐在茅草宫殿里，"挚"思来想去：自己忙的什么劲啊，这部落联盟没有什么油水，住得不是很好，不但没有什么好玩的，而且还超级累人，再加上那个弟弟尧还不时地捣乱，干脆，撂摊子，不干了！自己一个人种几亩寡田。

于是，"挚"做出了一个英明的决定——他亲自去了趟唐地，并且是带着象征部落盟主的玉斧去的。对尧说："我看你相貌堂堂，而且有魄力，又有能力，好兄弟呀，我不想当这个部落盟主了，干脆你来干，毕竟我们是一家人嘛。"于是"挚"把那个玉斧递给了尧，而且告诉尧，河南濮阳的办公室给你腾出来了，你明天就去上班吧！

尧高兴极了，他立即接过了玉斧，生怕"挚"反悔了。就这样，他梦寐以求的华夏部落联盟的权位被哥哥拱手送来了。

虽然接过了哥哥送来的玉斧，但尧却并没有去父亲在河南濮阳的办公地点上班。谁知道住在那里的亲近父亲和"挚"的那帮人会不会跟他玩"阴"的呢？而且，濮阳也是尧的伤心地，他在那里一出世，

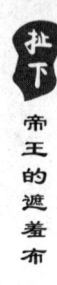

就被赶到了唐地。

尧选来选去，选中了山东定陶的一块地方。于是他让手下人盖了两间茅草房子，拿着父亲的玉斧子，就开始办公了。

终结：一个老头引发的思考

坐上了盟主之位后，尧要做的应该是两件事，第一件就是排除异己，让自己的位子更牢固；第二件就是让老百姓过上好日子，这其实也是稳固自己位子的方式。这两件事尧都做了。

话说这尧见天下太平，内心高兴，觉得有必要去四处视察视察。这天，他就来到了一个村庄。他本以为，那些老人一定会对他感恩戴德的，像他的手下吹捧他那样：伟大啊！意思是说，我们这些百姓们欣欣向荣，活得有滋有味——尧帝之德流及四方啊。

不料，一个老人说出了这样一段流传千世的话，他说："我们日出而作，日入而息，凿井而饮，耕田而食，尧帝有何帮助于我哉？尧帝是谁？我不知道尧是谁，他给过我什么好处？"

这也难怪，当时没报纸，更没有电视，谁知道有尧这么一个人物呢？可尧不干了，他气急败坏地跑回了自己的宫殿，一直在生闷气。哦，忘了说了，当时的建筑科学发展得比较快，尧的茅草宫殿估计也换样子了。

就在尧生闷气的时候，突然一个消息传来了，仿佛晴天霹雳，那就是天下发大水了。这可是个十足的坏消息，但精明的尧还是迅速地解决了，他又让异己——大禹的爸爸鲧去治水了。结果，水将大地淹没了，庄稼毁了，房子倒了。

这时，尧就想了，自己一把年纪了，得赶快把接班人计划提上议事日程，可不能让外人抢夺了这部落盟主的头把交椅。只可惜那不争气的儿子丹朱啊……尧的脑子在迅速地转着，他觉得有必要在自己尚且有影响力的情况下，把自己的儿子钦定为接班人。

于是尧召集了部落里"十二牧"，也就是德高望重的人开会，议题只有一个，那就是确定部落盟主的人选问题。

在尧的宫殿里，这些"大佬"们酒足饭饱之后，开始了第一轮讨论。大家七嘴八舌，纷纷说出心中的人选。

驩兜说："管水利的共工不错。"此人怎会不错？当时天下正发大水，淹没农田村庄，这不证明他的措施不力嘛。尧对共工是了解的，他摇了摇头，说："共工能说会道，表面恭谨，心里另是一套。用这号人，我不放心。"这就彻底将共工给排出了候选人名单。

一个叫放齐的人清了清嗓子，发言说："尧啊，你的儿子丹朱是个开明的人，继承你的位子正合适。"

尧摸了摸胡须，严肃地说："不行，这小子品德不好，专爱跟人吵架。"还是没有同意。

最后，大家实在没有好的人选了。于是，尧对那些人说，会后，大家到处寻找，一定要找到合适的接班人。

在第二次聚会上，大家总算达到了一致意见。

这些德高望重的"十二牧"不说别人，就说舜，说这个人很厉害，大家一致推荐他当"老大"。

尧对舜也有耳闻，表示同意。他说："哦，我也听说这个人挺好。我再去详细地了解了解舜吧。"

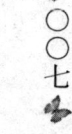

"禅让"的真相
——舜逼尧

黄帝创建的,由该家族三代四个人继承下来的稳固基业——堂堂的华夏联盟,在瞬间落到了外人的手里,这不失为一个天大的遗憾。这"篡权者"正是我们的祖先之一——舜帝。那么,他是用什么方法打垮这种牢不可破的家谱继承机制,并且将自己的行为冠冕堂皇化,而以"禅让制"流芳百世的呢?

"禅让"遮羞布下的较量

四千年前的某个晚上,茅草宫殿里灯火通明,陶器收藏家尧正在把玩着一个陶壶。该壶制作精巧,壶壁薄如鸡蛋壳,足见制壶之人技艺之高超,心思之缜密。谁也不知道尧是在专心看壶,还是在琢磨制壶之人的心思。这是因为此壶的制作人正是部落长老们竭力推荐的盟主接班人——舜。

如果舜只具有高超的制壶工艺，并不足以让尧心存戒备，甚至暗藏杀机。怪就怪在，舜的才能确实太大了。

舜出生于与华夏民族齐头并进的东夷族，他的妈妈死得早，从小跟着父亲和后母生活在一起。他的后妈有自己的亲生骨肉，对舜这个外人的孩子自然不待见。而舜的亲生父亲是个瞎子，能再娶到老婆，已经是万幸了，能不事事依着老婆？舜从小就受尽世间的磨难，忍受着后母、亲爹，还有弟弟的欺负。但是，正是在这种环境下才锻炼出了大智大勇、大慈大悲的舜。

在17岁那年，舜自己卷了卷铺盖，正式外出打工了。他没有去繁华的地方，而是到当时最需要开发的地方去了——他去了现今济南市以南的历山。

在历山开荒的日子，也是舜展现政治才华的绝佳时期。在那里，他遇见了秦国远祖伯益，并且吸引了一大批追随者。在处理拓荒者的纠纷中，舜对于破坏规矩的人毫不留情，维持了良好的投资秩序，吸引了更多的人前来开荒。

但舜并不甘于山大王的生活，他又跑到了中原的雷泽去打鱼，他打到的鱼很多，却也遇到了很多斗争，结果他和抢鱼的人不打不相识，再一次赢得了渔民的爱戴。接着，他又开始了陶器工匠的生活。他做出了薄如鸡蛋壳的陶瓷制品，并将此技术无偿传授给其他的人。

游历天下的经历，使得舜的"粉丝"满天下，遍布于农业、渔业和手工业之中。就连大名鼎鼎的华夏部落长老"十二牧"，也成了舜的铁杆粉丝。可不，这些长老因此就在尧的御前会议上力荐舜当华夏部落的盟主。

尧知道，拥有广泛群众基础的舜，无疑是自己儿子继承盟主之位的最大障碍。如果说御前会议，是舜首先对尧的发难，那么，尧接下来对舜的出手，则是招招致命，却又显得那么温和。

尧不愧是一个爱才的盟主，他一把年纪了，还亲自前往历山，调查和考验舜。一个早晨，在山东济南的历山里，这两个改变历史的巨人相会了。舜当时正在地里聚精会神地耕田，一头黄牛和一头黑牛拉着犁在前，舜在后。也许是出于同情，也许纯属无聊，舜在犁后面拴了一个簸箕。他赶牛的时候，不是用鞭打牛，而是敲击簸箕，用声音来吓唬牛。

看见这样的场景，尧觉得很有意思，于是，他们开始了第一次攀谈。

尧问："耕夫都用鞭打牛，你为何只敲簸箕不打牛？"

舜拱手以揖，并答道："牛为人耕田出力流汗很辛苦，再用鞭打，于心何忍！我打簸箕，黑牛以为我打黄牛，黄牛以为我打黑牛，就都卖力拉犁了。"

舜的绝妙主意，让尧对他的好感剧增。尧觉得这个年轻人将来必担大任，是个不可多得的人才。但另外一方面，这个人无疑将成为自己的儿子未来的竞争对手。

有的看官一定会说，干脆，尧帝趁机杀死他，以除后患。这是多么狭隘的观点啊。尧，毕竟是有道德之人，他是打着寻找接班人这块遮羞布的，此等露骨的手段不能为之。另外，舜的身后是强大的东夷，如果杀了舜，定会得罪东夷族，这对于当时陷入水灾的华夏族来说，是极为不利的。

于是尧做出了一个匪夷所思的决定，那就是，他送给舜大量的牛羊，外带两个美女，一把古琴。这两个美女不是别人，正是尧帝自己的女儿娥皇和女英。他让舜带着自己送的美女，穿着细葛布衣服衣锦还乡了。

尧不可谓不聪明。从表面上看，尧给舜送礼，是爱惜人才的表现，可以为自己博得一个好的名声。其实，这是尧一举几得的计谋。一方面，舜的声望与日俱增，让这样一个红人当自己的东床快婿，可确保东夷之地的安宁。另外，自己的女儿不是笨蛋，她们嫁给舜，自然会利用舜和父母弟弟的矛盾，想方设法地将舜除掉，为自己的儿子继承华夏盟主扫清障碍。最后，即使退一万步，舜真的成了气候，当了华夏盟主，也不算华夏部落联盟到了外人手里，毕竟舜也是自己的东床快婿嘛。

在舜小的时候，他的家人就极其地憎恨他，但他们还没有置舜于死地的打算。可当舜带着牛羊、美女回家之后，却屡次遭受父亲兄弟的"毒手"，这与他的两个老婆不能没有关系。

娥皇和女英是尧的女儿，自然是尧的代表。她们就像华夏族驻东夷族的大使一样。她们暗示瞽叟（舜的爸爸）和象（舜同父异母的弟弟），快把舜害死吧。舜死了，舜的财产就归你们了，我们这两个大美女也归你们了。

这不，瞽叟开始对舜下毒手了。他让舜去修补谷仓的房顶，自己却在谷仓周围铺上干柴。然后，瞽叟点燃干柴，把舜置身大火之中。可在这千钧一发之际，舜创造性地使用了"降落伞"，他挟着两个又大又宽的宽边斗笠，像鸟儿张开了两只翅膀，从高高的谷仓顶上飞了下来，逃过了这一劫。一计不成，再生一计。瞽叟让舜去挖井，等他挖得够深的时候，瞽叟和象就一起往井里填土，想把舜给活埋了。

瞽叟和象干完这一切,以为大功告成了,他们就拍拍身上的灰尘,开始瓜分舜的财产了。瞽叟得到了舜的牛羊,而象却一下子抱住了经常和他眉来眼去的娥皇和女英。"这下好了,没了舜,我可以和这两个小美人儿长相厮守了。"象得意地吻着美人的脸蛋,弹着舜的古琴,高兴至至。不料,此时一双粗糙的手却拍在了象的肩膀上。

"谁呀?"象生气地回头一看,好像见到了鬼魂,"我的妈呀,大哥,你怎么又回来了。"象吓得瘫倒在地。舜,竟然又活了。原来,在打井的时候,舜就留有一手,在井边挖了一个通向外边的暗道,父亲与兄弟填井的时候,舜就从暗道里逃了出来。但舜没有马上回家,他倒要看看,父与弟在他死后到底要干些什么?不料,他的老婆和财产都被父和弟给霸占了。他能不气愤吗?

但是,舜还是饶恕了他的坏父亲和坏弟弟,待他们像平常一样。这是因为,舜知道,父亲与兄弟,仅仅是尧的一个棋子而已,不值得为这个生气。

尧知道了这件事,他决定亲自出招了。他的招数向来温和,这次也不例外。

很快,一封调令传到了舜的家中,调令来自于尧。他说:"女婿啊,目前,我们部落出了几个大坏蛋,他们是四伙凶恶的群体,还得仰仗你去帮忙消灭啊。"这四伙人是谁?史书记载,其中一个叫混沌,到处结交盗贼,组织了当时最大的黑社会,行凶作恶,杀人如麻;一个叫穷奇,喜欢散布谣言,诬陷忠良;一个叫梼杌,独断专行,谁的话都不听;一个叫饕餮,嘴馋,是个美食家,每顿都得吃香的喝辣的,入不敷出就去打家劫舍。仅仅就这样的描述，就足让剿灭他们的人害怕。不过，更难办的是，这四个首恶都是前氏族领导人的子弟。

舜，就是靠着"十二牧"，即部落长老起家的。如今，要去剿灭那些人的子弟，这不是逼迫舜和自己的后台过不去吗？尧这招可谓厉害，简直在挖舜的墙角。

可舜的处理方式，则更为高明。他就像篮球场上的中场队员一样，尧给他一个任务，他顺势将这个球传给别人，这就叫以其人之道还治其人之身。舜对这四个首恶转述了一下命令，说："尧让我来命令你们到四千里外的边远地区，让你们去抵御人面兽身、四只脚的魑魅，让你们比一比谁更厉害！"尧让舜与四恶互相残杀，舜则让四恶与更加厉害的魑魅残杀。

尧见舜屡次破了自己的计谋，真的急了。在一个暴风雨的日子，尧竟然派舜一个人穿越荒山野岭和原始森林去出差。尧毕竟是部落盟主，舜不能不听命令。可在暴风雨天气里去原始森林，实在是危险，稍有不慎就会被野兽吃了。即使不被野兽吃了，也会迷路的。只要舜迷路，耽误了公务，尧就有借口杀舜了。足见，尧这次的计谋不仅狠毒，而且辛辣。

可惜的是，舜实在是本事太大了，他不仅毫发无伤，成功地穿越了密林，而且成功地完成了任务。

尧傻眼了。看来，舜是不好惹的啊。可尧的醒悟太晚了，接下来，该舜出招了。舜是不会甘心自己久居尧之下的。

不是一个人在战斗

顺利完成了尧帝任务的舜，自然可以在部落联盟里得到一个官职。尧给舜的是司徒的职务。毕竟，舜是尧在"十二牧"会议上点头决定的接班人，而且舜的粉丝众多。既然在部落中站住了脚，舜就开始发挥他超常的政治才华了。

相比较于尧的儿子丹朱，舜更了解普通人的困苦，而且更善于团结部落联盟中的多数人。在舜的管理下，百官的事从此变得有条不紊，而且很多诸侯都来朝觐，大家相处和睦，呈现出一派歌舞升平的盛世景象。

仅仅在部落联盟中培育党羽，对于舜来说，还是远远不够的。他需要结交更多有实力的人。

话说尧帝的祖父颛顼的后代有八大贤人，被称为"八恺"，势力很大；尧的老爸帝喾的后代中也有八大贤人，被称为"八元"，他们的势力也不小。这些人都具有继承黄帝家族所创立的华夏民族大业的资格，所以，帝尧对这些人深怀戒惧，处处打压，害怕这十六家族对自己的统治形成威胁。这十六族因为没有出头之日，也倍感郁闷。对于这么好的同盟军，舜能放过吗？于是他主动向这十六族发出了信息。

担任司徒一职的舜帝，拔擢了这十六族中人，让"八恺"主管土地，让"八元"主管伦理教化。通过这十六族，舜掌握了华夏联盟的经济、政治命脉。另外，舜经营多年，朝堂上已无反对之人。更重要的是，虽然尧不太情愿，但他却是合法的继承人。

三年后，舜教唆百官造反，89岁的帝尧不得不让舜摄政。摄政的舜，离真正当权仅仅一步之遥了。此时不排除异己，何时排除？在摄政的位子上，舜逐步开始行动，属于尧的那班人全部被"清除掉"了。譬如，重臣驩兜被流放到南方的崇山，蚩尤的后裔三苗被流放到西方的三危山，禹的父亲鲧被流放到东方的羽山，等等。

尧对舜的做法是不满的，他和他的儿子丹朱正在招兵买马，准备将舜帝这个黄帝家族的外人赶走。尧，毕竟是一代盟主，而且仍未退位，其号召性也是不容小看的。此时，舜如果不采取断然措施，其后果将很严重。

舜立即秘密地囚禁了尧和丹朱父子俩。在囚禁地平阳，女婿舜与老丈人尧见面了。

"我想见一见我的儿子丹朱和亲戚。"尧说。

"我傻啊，我刚刚扣下了丹朱的勤王之师，如果让你和他见面，他又想办法夺我的权力了。"舜终于说了实话。

"那么，你要逼我做什么呢？"

"不做别的，继续你的承诺，你扮演一个英明的盟主，抛弃你的儿子，选择我作为华夏部落联盟的头头。"

"你……"尧气得说不出话。

"其实也不用劳累你，你的大印在我这呢。我盖上你的大印，就算你同意了。"舜高高兴兴地离开了平阳。

过不久，可怜的尧就郁闷地死在了平阳。

在丧礼上，舜哭成一团，他执意要为尧守孝三年，看上去比尧的亲生儿子还要孝顺。倒是尧的亲生儿子丹朱还在舜的控制之中，哪敢

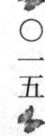

随意哭泣，害怕哪一天自己的小命就不保了。

守完孝，百官都劝说，舜啊，尧深明大义，觉得自己的儿子无能，一直培养你当盟主，现在你坐这个位子吧。舜则说，不急不急，还是让丹朱坐吧，他毕竟是尧的儿子啊。可丹朱哪里敢坐，他自己现在连性命都没有保障。

就这样，舜推辞了好久，不得已，坐上了盟主的位子。

那时候，起源于尧时代的洪水一直没有彻底解决。洪水淹没了大半个中国，百姓处于水深火热之中。尧任命的水利部长鲧治水不力，只知道堵塞，水越堵越多，结果终于泛滥了。这是横在舜面前的一大难题。

意气风发的舜处理这个问题的唯一办法就是杀人，他杀的人不是别人，正是当时的水利部长鲧。治水不力，就该杀嘛。更重要的是，鲧就曾经反对舜继承尧的位置。不料，鲧的儿子大禹主动请缨，想去治水。"没想到，这孩子挺有骨气，那就你去吧，你要是治不了，照样杀你。"舜恩准了。

"家天下"的开端

当私人可以聚集财富的时候,也就有了穷人和富人。当国王是一个非常舒坦的"职业"的时候,想当国王的人就多了起来。人性是自私的,禅让制是被逼的。源于尧的禅让,止于大禹。自此以后,中国历史进入了"家天下"时代,直到1911年才被辛亥革命宣告终结。

夏朝：史前的权力斗争

历史很有意思，每个时代，其政权的更替往往就取决于几件事情。因为洪水，尧的光辉业绩被毁了，他急于找接班人，让舜有了可乘之机。也因为洪水，鲧成了牺牲品，大禹却借此脱颖而出，使趁洪水事件上台的舜，被迫将华夏部落盟主的位子，让给了治水英雄大禹。

源自杀父之仇的夏朝

在一片热闹的加冕仪式上，舜兴高采烈地坐上了头把交椅，当上了华夏部落盟主的头头。参加仪式的各个部落首领也个个喜笑颜开，大家准备大吃一顿，不醉不归。可躲在角落中的鲧却一身泥泞，满脸愁苦。高兴，只属于别人，他是无法高兴起来的。因为他负责的治水任务没有顺利地完成，洪水越堵越多，淹没了无数的庄稼和百姓。他忙得连参加仪式都没时间换礼衣啊。

自己会不会受到新盟主的处罚呢？想到这里，鲧握住了儿子禹的手，仿佛是在告诉大禹：你父亲最爱你，你也要爱护自己的儿子。

鲧的预感应验了，酒宴还没有完，新盟主舜就下了一道命令，那就是处死鲧，罪名是治水不力。面对权势如日中天的舜，百官是不敢求情的。不多时，拿着石斧的卫士就把鲧拖了出去。在那一瞬间，禹发现父亲向他看了一眼，仿佛在说："快走！"

父亲的惨叫声从外面传来，大禹没有流泪。他轻松地走到舜的身旁，说："我父亲治水不利，让我接替他吧。"舜很惊讶！而四方部落的首领都推荐，大禹聪明过人，勤劳俭朴，待人可亲，深得人们的敬重。

舜同意了，但他也做好了杀死大禹的准备，因为洪水问题已经拖累了这个联盟很长时间了。鲧治不了，他的儿子难道就能治好吗？

事情的发展，各位看官也许都知道了。大禹总结父亲的教训，采取疏导的方式，经过十三年的时间，终于将洪水引入了大海，华夏大地上的大水不见了，人们沸腾了，大禹也成了人们心目中的大英雄。

洪水淹没了半个华夏大地，大禹治水挽救了一半的华夏子民，大禹也就获得超半数的选票，其地位谁能撼动？此时的大禹，只需将舜逼尧的那些伎俩随便地用用，舜就无法稳固自己的位子了。

此时的舜帝非常后悔，他后悔自己没有亲自领衔治水工程，可是，此时后悔已经晚了。但是，舜毕竟是聪明人，是识时务的。他对大禹说："你真有才华啊，干脆，我做太上皇吧，你代替我执政。"舜这样交权，最起码保留了自己的名号，起码他还是名义上华夏部落联盟的头啊。

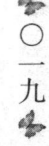

此时，大禹对舜说："英明的盟主啊，您看，南方的三苗，又在蠢蠢欲动了，我得带兵去打他们啊。"舜暗暗叫苦，这小子来向我要兵权了。可是，在表面上，舜却说："好啊，好啊，你是我的大腿、胳膊、耳朵、眼睛。我只有依靠你啦，外面的事情就托付给你吧。"

就这样，大禹获得了兵权，跑到南方去打三苗了。这三苗是蚩尤的后代，是黄帝部落的天然敌人，所以，每个在位的盟主都得去打一打。这个时候，这三苗的后代已经跑到南方湖北一带的蛮荒地带去了。但是，大禹为了自己的帝国着想，还是不放心，带着那些舜帝的亲信兵卒和三苗展开了决战。此役十分艰苦，最终以大禹乱箭射死了三苗首领而告终。

经历过此次大战之后，大禹完全掌握了军队。接下来，大禹该报杀父之仇了。他对舜说，你也该去天下视察视察了。这样吧，我明天安排一下，你先去南方吧，那的空气好。

听到这里，舜脑子轰的一下，差点瘫了。当时人们的活动中心在黄河流域，南方那可是蛮荒之地啊。去南方，无疑等于自杀。可大禹脸一沉，手一挥，一队大兵过来，他们押解着舜和他的家人以及亲信一起出发了。

还好，尧的两个女儿，舜的两个老婆娥皇、女英没有抛弃舜，也跟着一百多岁的舜搬出了象征着权力的茅草宫殿。

治水成功，父仇已报，敌人消灭，大禹稳坐天下的第一交椅。没水患之后，老百姓的收成好，大禹的日子也过得有滋有味。但是，大禹没有就此放松，他得为后代着想啊。大禹时代的华夏联盟的油水太多了，不仅有吃不完的粮食，还有十分耐用的青铜器，大禹再也不需要拿着泥巴捏的陶罐喝水了。这么好的待遇，当然要传至后世了。于是，大禹开始一步步地巩固自己的权力,他要建立一个中央集权制的国家,而不是松散的部落联盟。于是夏朝,就在大禹的手中慢慢变成现实。

　　大禹总结了尧、舜被迫禅让的经验,他明白了一个道理,名义上的接班人是没有丝毫意义的,实力才能决定一切。尧担任部落盟主的时候,舜掌握了实权,尧的日子过得很惨。而舜担任盟主期间,我大禹架空了舜,独掌大权,舜不得不客死异乡。所以,我大禹把自己的实力留给儿子启就足够了,至于夏朝国王的名分,那还轮不到功劳小的启呢。

　　大禹扳着手指头算了算部落联盟各色人等的功劳,除了他,就数皋陶老先生资格老了。这老先生掌管刑法期间,为大禹实施暴政立下了汗马功劳。因此在部落议会上,大禹很客气地对大家说,我想好了,皋陶先生德才兼备,而且拥有无与伦比的威望,我死后,就让他当接班人好了。

　　听大禹这么一说,大家就纷纷赞扬大禹有道德,有风格,是实行禅让制的典范啊。

　　可惜的是,这皋陶老先生没多久就死在了自己的寓所。大禹痛哭流涕地厚葬了皋陶,还给皋陶安排了封地,做得非常体面。只是晚上,在宫殿里昏黄的油灯下,大禹便后悔了:"谁让你这么快就杀了这个傻不拉几的老头子,他是一个多么好的傀儡人选啊。我现在到哪里去找合适的接班人呢?"

　　"你的接班人是我啊,至于傀儡,我看伯益挺合适,他毕竟是你治水时候的兄弟啊。"说这话的不是别人,正是大禹的儿子夏启。他

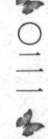

们的这番密谈虽发生在四千年前,却显示出了当时人们的心态。

还是介绍一下伯益吧,他是协助大禹治水的三兄弟之一。大禹当了夏王之后,当初一起治水的老二子契和老三后稷就感觉自己如履薄冰,纷纷卷着行李赶奔东方、西方各自的封国去遁身远祸了。只有这老三留了下来,希望能在大禹那分一杯羹。

大禹还真没有亏待伯益,这不,把他安排作为自己的接班人了。

伯益不是笨蛋,晚上,他躲在被窝里和老婆商量:"我怎么隐隐约约地感觉大禹的儿子启到处拉拢官员,培育自己的势力呢?"此时,伯益的老婆正在憧憬着以后的好日子呢,听到这些话,便踹了伯益一脚,说他尽瞎猜想,他们的儿子"大廉"算卦了,他们家族以后一定发达,这不,眼看就要灵验了。

听老婆这么说,伯益也只好裹了裹麻布兽皮的被子睡觉了。

大禹终于离开了华夏大地,安然地去了。按照大禹的遗言,伯益当上了代理国王,忙着为大禹守孝等各种政务。还是在一个宁静的夜晚,伯益搂着自己的老婆睡觉呢,估计他们当时是睡在了大禹的宫殿里,一阵吵闹声传了进来。原来是夏启来了,他一改平时对伯益的尊敬态度,拿着青铜刀,指着伯益说,赶快叫你的族人滚,这夏朝本来就是我的,你,只不过是个过渡!

伯益叹了口气,说,我说怎么觉得那些官员们都不太理睬我呢?原来是你要当国王啊,那你就当好了。伯益刚说完,夏启手起刀落,可怜的伯益就一命呜呼了。倒是伯益的儿子"大廉"骂骂咧咧地说:"这算卦的干什么吃的,明明说我们家族可以统一天下的啊。"说是这么说,但他还是小心翼翼地带着族人跑到陕西发展去了。

大禹的策略终于实现了,夏启如愿地当上了夏朝的国王。至于伯益家族的那个卦，也算是准确的。不知过了多少年，伯益的子孙中就出现了一个人物，他叫嬴政，就是他统一了全国，成为第一个皇帝。当然这是后话了。

大禹和夏启忙碌了一辈子，终于建立起了夏朝。夏朝究竟是哪一年建立的，后人无法考证了。大体说来，是在公元前2000年左右。从此，他们可以自豪地说，这夏朝，就是我们大禹家族的了。可惜的是，夏朝传至三代，在夏启的儿子太康的手上，就被灭掉了。后来的那些国王们因为都是第一次掌握这么大的权力，难免独断专权，弄得下面的人很是难受。于是诸侯们认为，还是大禹的后人比较会当国王。这样一来，大禹的后人——少康，再次被推了出来，重新为夏朝复国，并传至后代。

桀和汤：权力和美女

列位看官可知，大禹治水的时候，有一重要的助手叫子契。子契和那个被立为大禹接班人的伯益和大禹一起出生入死。洪水治完了，子契不像伯益那样傻，还留在大禹身边等着挨刀子。他带着大禹的封赐，回到了山东老家养儿育女去了。大禹当国王，子契一点也不羡慕，他的子孙只是没事四处游荡，做做小买卖，混了个"商人"的名号。

斗转星移，大禹的子孙传到了十三代，出现了夏桀这么个不争气的子孙。而子契在山东也有个十三代孙子，名字叫汤。这商汤不做买卖了，将自己的族人发展成了一个强大的商部落了。

两位治水的老友做梦也没有想到，各自的十三代孙都那么聪明，他们是不会合作的，他们之间注定会进行一场你死我活的争斗。

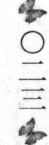

话说这夏桀继承了夏朝的国王之后，武功了得，智力非凡，本可有一番作为的，无奈此人性情暴躁，喜欢动武，不知道宽容。他不时地带着自己的部队到处炫耀武力，看哪个诸侯国不顺眼，夏桀就率军将其铲平。诸侯对夏桀恨之入骨，只是碍于夏桀的武力过猛，无人能敌。

夏桀在讨伐东方小国有施的时候，遇见了有施国的美女妹喜，这位"盖世英雄"顿时眼睛一亮，如此美女，怎么不心动，于是，夏桀把刀枪一扔，抱着美女回到了宫殿。此时的宫殿绝对不是茅草盖的了，因为这里面不仅要住人，还要为夏桀建酒池和肉林。夏桀终日和妹喜在一起嬉戏。饿了，去肉林吃饭，渴了，就去喝满池子的酒。

妹喜还是个败家女，喜爱听裂缯之声，桀只好命百姓每日进贡一百匹帛，撕给妹喜听；妹喜还喜欢热闹场面，桀便命人挑选了三千名妙龄少女，穿纱披缎，每天在宫中不停跳舞。

夏桀心想，如果想让妹喜一直高兴下去，不多储存点东西，准没戏。于是，夏桀便制定了严厉的法律，让老百姓多缴税。可老百姓的税收还是不够啊，那就召开诸侯大会，和先祖大禹一样，严苛地要求诸侯增加贡品。这次大会，出了个狠角，就是不愿意增加贡品，此诸侯叫有缗昏。夏桀一气之下，就去攻打有缗昏，将其美女和财物全部搜刮一空。接着，夏桀兵锋指向岷，岷山君深知夏桀的秉性，就给夏桀送来两个美女，结果夏桀抱着绝色美女立即撤兵了。

如此夏桀，不灭亡，不足以顺天意。可不，有人就献图谶之书，说桀必将使夏朝灭亡。这夏桀还生性反迷信，借机搞了次"文字狱"，把那些写"妖书"的人全给杀了。

夏桀不迷信，可政治感觉是十分敏锐的，他已经预感到商部落的汤有反叛之心，于是，夏朝强大的铁骑又冲向了商部落，将汤抓了起来。

汤被抓，汤的两个大臣伊尹和仲虺立即行动起来，在商国内搜罗了许多珍宝、玩器，还有绝佳的美女，一并献给桀。这贿赂还真立竿见影。好色贪财之辈，见到美女财物，什么都会忘记的。结果夏桀就这样将对自己政权存在极大威胁的商汤给放回国了。

这商汤被释放回国后，立即马不停蹄地联合各路诸侯，组建讨夏大军。夏桀讨伐一次，商汤收拢一次，这夏与商之间的实力呈现出此消彼长的态势。

经过几次拉锯战，商汤的军队越战越勇、越斗越强。没多久，浩浩荡荡的讨夏大军向夏都城开进了。话又说回来了，夏朝的军事力量强大着呢，拼凑起来的大军未必能对付得了。但是，聪明的汤早留了另一手，现在我们叫间谍战，也可以叫心理战。原来，商汤悄悄地派出一大批地下工作者在夏朝大军中做了很多策反工作。

当讨夏大军开抵夏朝都城的时候，夏桀下令全副武装的夏朝军队迎战，这些军人倒是一个个跑得快，但是，仔细一看，夏桀没气晕过去。原来，这些夏军不是冲锋，而是投奔讨夏军队去了。当自己的军人调转矛头对准自己的时候，也就预示着自己没有活日了，夏桀只得带着自己的美女逃跑了。

商汤顺利地攻下了夏都，夏朝退出了历史舞台。这大概是公元前1600年的事。持续四五百年的夏朝灭亡了。商朝取而代之。

周代商，暴政与德政

暴政与严苛刑法，其实质是一样的。夏桀、商纣在实行苛政的时候，犯了错误，就被认为是无德之君。而商汤，也实行的苛政，他难道就没有犯错吗？

商汤原来是这样的

话说这商汤从夏桀手里夺取了政权之后，他总觉得要做点什么，以便进一步稳固商朝的统治。

商汤坐在高大的宫殿里，想来想去，他觉得，得立个法令，告诫那些奴隶啥不能做，啥能做。奴隶如果做错了，那就得罚，一般的处罚，对于奴隶的威慑作用还是不大。商汤灵机一动了，有了，干脆发明创造一些严酷的处罚方法，让那些奴隶胆战心寒。譬如，稍不留神，老百姓就被割了鼻子，这刑罚叫劓刑，这不算；还有在脸上文字的墨刑，砍断人脚的刖刑，等等。

在严苛的刑法下，商代出现了空前的统一和稳定。这点，是不能否认的。但是，暴政只能维持一时，不可能长久的。商代的末代君王商纣，为了复兴已显衰微的商朝，颁布了严苛到了极点的法令，可惜的是，如此暴政，并没有给商代带来繁荣，而是加速了商朝的灭亡。敲响商朝丧钟的正是以德政闻名于世的周文王、周武王父子。此父子与商纣之间的斗争，那才是看点无数，精彩纷呈。

暴政与德政的较量

历史纷纭，谁是谁非，自有评说；百家争鸣，各有各的理。列位看官，我们还是从商纣王的盖世聪明说起吧。

话说这商纣，其聪明才智，以及强健的身体，绝对是前无古人，后无来者，就连前世的亡国之君夏桀也比不了。当然，他们之间也没有比较过。夏桀能徒手杀虎，力气够大了吧。商纣的力气则更大，他能一个人拉动九头牛！有一次，宫殿的柱子断了，商纣用手把房梁举了起来，让工匠更换柱子。

商纣想，贵为大王，有的是钱，这钱怎么用啊？于是，大脑简单的商纣立即下令，赶快修建一个鹿台，专门负责储藏各种珍宝。于是，手下人用了七年的时间，把所有的钱都花光了，修建了一个绝大的鹿台。商纣步行其中，感到自己威风无比。

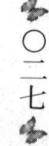

有了仓库，还不行，我堂堂的一个纣王，得有一个游乐园啊。立刻，沙丘游乐园兴建起来了。这游乐园里面分肉林区、酒池区、猛兽区、炮烙区和狩猎区，真可谓应有尽有。吃喝玩乐，外带惩罚人的地方，一个都不少。

商纣储东西的地方建好了，玩乐的地方也有了，现在还缺什么呢？缺钱啊，缺陪着他玩耍的女人啊。为了捞钱，商纣举行了一次大阅兵，让那些诸侯都过来了。在阅兵仪式上，商纣下达法令，直接向诸侯伸手了。也许是商王过于微弱，也许是东夷各诸侯太穷了，这些诸侯不买商纣的账，就是不给钱。这还了得，一向自负的商纣立即率兵去攻打他们。商纣不愧有盖世武功，他的军队如入无人之境，将这些国家打得落花流水。在征服有苏国的时候，商纣在一堆战利品中，发现了一个绝色的美女。此女叫妲己，于是商纣开始了享乐的生涯。大家一起在游乐园里昼夜狂欢。

闲话少叙，接下来粉墨登场的一位才是真正有抱负、有干劲的人才，此人名叫西伯昌，是周国的诸侯。对于这名字，列位看官也许不太熟悉。但是大名鼎鼎的周文王，不会不知道吧。其实，他们就是一个人，没当王之前，周文王就叫西伯昌。此人对商纣的江山觊觎已久，只是善于保护自己，一直没暴露。早在商纣讨伐东夷地区诸侯的时候，他就收罗那些失败的诸侯成员，借机壮大自己的力量。

周文王西伯昌虽然在壮大自己的力量，但他不能否认自己也属于商纣的一个诸侯国，是在商朝的管理之下的。所以，西伯昌步步小心，处处留意。但是，聪明的商纣还是发现了西伯昌的反叛之心。于是，商纣下了个通知，让西伯昌到都城玩玩。国王邀请，西伯昌可不能不来。可这西伯昌一来，商纣立马先下手为强，将其抓住，投入羑里关押。所谓羑里，就是在地上挖一个特别深、特别大的坑，将犯人扔下去。没有绳子，犯人无论如何是爬不上来的。"文王拘而演《周易》"的故事就发生在这里。

此时的西伯昌在土坑里艰难地推算周易度日。幸运的是，他的两个手下在积极地活动，准备营救主人出狱。如何才能顺利地将老板西伯昌弄出来呢？看来，得用点贿赂了。他们了解到，商纣喜欢宝石和美女。于是，这两个手下找到了绝色的美女，还运来了很多宝石和珍禽，托商纣身边的人费仲献给纣王。

"太客气了，你们怎么送这么多啊，我留下美女就可以了。不就是一个西伯昌嘛，放了吧！"商纣根本就没有在意这么个小叛贼西伯昌，在他眼里，西伯昌还不值一个美女的价钱。

商纣这么想不是没有依据的，这是因为他曾考验过西伯昌。残虐的商纣将西伯昌的长子伯邑考杀死，将其肉煮熟了，送给西伯昌吃。商纣在试西伯昌的识别能力。不是说西伯昌道德高尚吗？自己儿子的肉你都吃不出来，那不是伪高尚吗？西伯昌早就猜到那是儿子的肉，但是不可思议的是，他还是吃下了一块，并夸奖这肉真好吃。商纣想，虎毒都不食子，这西伯昌也不是什么圣人，估计是个疯子，自己儿子肉都吃。这样的人是翻不了天的。

世上无难事，只怕有心人。也不知道在哪次会议上，还是在游玩中，西伯昌获得了商纣王给他的征讨诸侯的权力，并且获赠了一套御用兵器，这可相当于后来的"尚方宝剑"啊。但是，征讨其他诸侯的兵员到底谁出，经费谁出，商纣没说，西伯昌也没敢问。

西伯昌用自己的机巧从商纣那获得了一点点甜头。遗憾的是，西伯昌再也无法跟商纣交锋了，因为他不得不遵循人生的规律，那就是

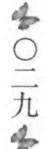

死亡。好在他有个聪明的儿子，也就是周武王。子承父业，周武王接过父亲的大旗，继续着父亲未竟的事业。

周武王自然没有父亲那种可以接近商纣的条件，但是此人除了像他父亲一样讲仁义道德，善于笼络人才之外，还比较善于用兵。父亲给他留下的"尚方宝剑"对他扩张周国的作用是非常大的。于是周国成为各个诸侯国中最强大的一个了。

周文王、周武王父子因为德政，征服了很多人的心。他们拥有很多追随者，力量也一天天地壮大，一时间，商的天下有三分之二已经表示要归附周国。

强大的周国，并不敢对商朝轻举妄动，即使商国三分之二土地上的诸侯表示归附，也并不代表这些诸侯的军队可以合为一体，成为一个号令严明的军队。所以，周武王只能密切地关注着商纣部队的一举一动，以图最好的战机。或许是天意，周武王终于发现了一个很好的时机：商纣让商师主力远征东夷，都城朝歌一时空虚。

在这时，周武王果断决定开战，他调动战车三百辆，敢死队三千人，士卒四万五千人，长途奔袭，直捣朝歌。

五百多年的商朝，随着商纣跳入火海而灰飞烟灭了。

皇权争夺的首次预演

当笔者的笔触还停留在商朝历史的时候,思绪就不由得想到了秦人一袭黑衣,金戈铁马,纵横于华夏大地的情景。秦朝吸引了世人的无数目光,但秦朝为什么能如此迅速地崛起,才是读史者最需要了解和借鉴的。

可是,本以为能传至万世的秦朝,实际上传到了二世,就戛然而止了,着实让人心痛。亡秦者到底是谁?

强汉,一直是我们的骄傲。殊不知,汉朝却饱受诸侯、宦官、外戚的困扰。他们与皇权之间的斗争,异彩纷呈……

黑衣秦国的统一之路

就在周朝一片歌舞升平的时候,在西北的边陲,弱小的秦人们正在和犬戎进行着一次又一次的战斗。厮杀、流血,甚至战死,是秦人生活的全部。正是这样炼狱般的锻炼,使得秦人一步步壮大,并建立起国家来。当周朝国都被犬戎洗劫的时候,秦朝已初具规模了。周平王宜臼迁都洛邑,就是秦襄公派兵保护的。

谁也没有想到,这些被中原各地诸侯称为蛮夷的秦国人,在商鞅变法后,迅速成为当时的第一强国,一个绝对的、唯一的超级大国。秦国统一六国,建立了秦朝。列位看官也许要问,秦朝为什么这么强大呢?这是因为,秦国君"法家"的暴政,将天下变成了一台机器,日夜不停地运转。

于是,暴政成就了秦朝,也毁灭了秦朝。

强秦与可怜的东周

话说周朝西迁洛邑之后，实力大减，没钱没权，谁理你呀，诸侯国基本上就不理睬这个既贫穷又势弱的君王了。人都是势利眼，别说上贡，诸侯国不抢周王室的土地和珠宝就已经很给周天子面子了。周王室连自己的一些女儿都保不住，经常被诸侯国抢去了做老婆。到最后，周王室的领地只局限于都城周围二百里了，也就相当于现在的一个小小的县。

从东周周平王开始，东周着实苟延残喘了四五百年。没钱没权，一个王朝能维持这么久，也算创造了历史奇迹。周朝的天子周赧王姬延住在东周。姬延日夜操劳，不为别的，就怕祖宗的基业败在自己的手里了。可也奇怪，那些诸侯虽然不待见周王，甚至经常欺负他，吞并周王室的土地，但是，这么多年来，诸侯们从没有将周王室给灭了。是灭不了吗？不是！当时的周王室简直是不堪一击，实力最小的诸侯也能轻松将其打败。但是，灭了周王室的后果是严重的。

战国时期，周王室虽然实力衰微，但是它还是各个诸侯国名义上的"共主"，诸侯怠慢了周王室，会招致以下犯上的罪名，陷入道义上的孤立，甚至遭到各国共同讨伐，成为众矢之的。

公元前314年，周王朝由周赧王姬延执政。别的周王知道自己除了名义上的天子外，实力确实小得很，被诸侯国欺负，一般都忍着。虽没有诸侯的进贡，但周王带着自己手下的几万人一起种地，也不至

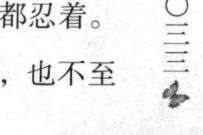

于饿死。可这个姬延偏偏喜欢折腾，总想做点什么事情来，重振周王室的威风。

这个时候楚国的使者来了，破天荒地给他上贡了不少物品。姬延高兴得不得了，坐在宝座上问："你有什么事情吗？"楚国的使者也不藏着掖着，他送礼当然有事情相求了。这个世界上哪有白送礼的，你得为我办点事才行，要不你好意思收我的礼呀！使者也不客气地说，"秦国太张狂了，楚国想您老出山，号召各个诸侯，大家联合起来，将秦朝给灭了。"

一听到这里，姬延就兴奋起来了。周王室自从迁都洛邑以来，就多少年没有真正地命令过诸侯了，他除了命令大家在地里撒种子，从没威风过一次。这可是一个千载难逢的机遇，有楚国这个实力强劲的"部下"撑腰，他准备大干一场了。

于是，姬延开始组建军队了。但是，到哪里去找将士呢，不得已，只得从他本国的两三万民众中征召。可周王室寒酸，没钱发军饷。姬延就开动脑筋，找到了一个办法——借高利贷。他凭他的三寸不烂之舌，游说他治下的地主，告诉他们，我周王要去打仗了，这仗一打，战利品就源源不尽了。现在你们借给我钱，等打完仗我双倍奉还。

姬延倒是借来了些钱，能够勉强维持这五千名军人的军饷和粮草开支。

和秦朝几十万大军打仗，他们这些人无疑是鸡蛋碰石头，这仗是没法打了，解散吧！于是姬延垂头丧气地带着那五千人回家了。可姬延刚到周朝的宫殿，就发现那些债主们已经把宫殿围住了，大家都在找他要债呢。

姬延吓得半死，没打仗，哪来的战利品？不得已，姬延只好跑到后宫的一座高台上躲债。于是，"债台高筑"的典故应运而生，这恐怕是周赧王姬延对中国文化的唯一贡献吧。

好在秦昭襄王派来监视姬延的军队来了，姬延赶紧向秦昭襄王投降。在那时候，当战俘比当天子舒服多了。当战俘，最起码还可以得到秦国银行的贷款援助，解除债主对宫殿的围困；如果当天子，除了在高台上饿死外，就只能是被债主逼债逼死了。

秦昭襄王倒也宽大为怀，接受了周赧王姬延的投降，帮他还了债务。姬延的这一折腾，其实是帮了秦昭襄王一个大忙，秦国可以名正言顺地把周朝给吞并了。周赧王姬延个人也不吃亏，他被秦昭襄王封为周公，强大的周朝就这样谢幕了。

秦朝，为什么这么强大？

让我们回到秦昭襄王之前的公元前900年，西部的秦地，遍地荒凉，突然间，一股血腥的味道扑面而来，只见一个黑衣人在戎狄的尸体中站了起来，瞪着血红的眼睛，带着族人往前冲去。顿时，戎狄的头被一个个地砍了下来。望着血淋淋的人头，他笑了，笑得那么自信，仿佛预感到他们这一小撮人注定要改写中华民族的历史。

这个人正是秦国的始祖秦非子。他曾是一名牧马人，西周孝王给他划了一块封地，在现今甘肃清水县一带。为了在这块土地上能生存下去，他不得不带领这族人与戎狄杂处，并日日与之攻战。此后的七百年里，这一小撮人在厮杀中不断壮大，灭六国，外征匈奴，内伐南夷，建立起了当时世界上最强大的帝国。

这无疑是一个奇迹，让世人为之感叹；这又像一个谜，就像秦人

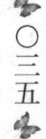

钟情的黑色衣服一样，让世人感到迷茫和恐惧。两千多年后的今天，我们虽然无法给秦人强大的原因做一个完整阐述，但是，可能的原因，我们还可以总结一二的。

还是从秦人的生活环境着手吧。秦地地处西陲，他们常年与荒凉的土地打交道，这也就造就了秦人忍耐、简朴，甚至好战的个性。君不见，中国历史上的西北军队，其战斗素养特别是身体素质始终胜于南方军队。他们与北方的少数民族杂居，难免有些少数民族的混血儿。其人高马大，崇尚武力也是有缘由的。另外，秦人常年和西边的游牧民族打交道，在厮杀中求取生存权，很好地锻炼了秦军的实战经验。即使他们不是嗜血如命，但也绝对是骁勇善战。而且，这种环境下的秦人更加注重实际，而不像中原地区的那些思想家那样，整天耍嘴皮子，只有文斗，没有武斗。

他们人数众多，足有一百万人。而一百万大军在当时真的不是一个小数目，肯定是当时世界上最强大、最庞大的武装力量。即使在今天，一百万军队也着实可观，而同时期叱咤欧洲的罗马军团才区区五万人。他们武器先进，拥有七米长的矛，威力强大的弩；他们等级森严，赏罚分明，超越了同时代的其他军队；他们的名将众多，白起、蒙恬、王翦、王贲等，他们的大名让敌人闻风丧胆；他们战功赫赫，在长平一战，他们就一下子杀掉四十多万赵军。更重要的是，他们有强大的后方，六七百万人口生产出来的粮草，足以支持这支百万雄师在前线杀敌制胜了。

在我们分析秦国强大的原因时，不能忘记了一个人，正是这个人来到秦国，劝说秦国改变过去的法令，才使得秦国实力大增，这个人大家都熟悉，他就是商鞅。商鞅变法的最重要一点就是不拘一格使用人才。秦国重用各国人才，不管他来自哪国，也不管他有什么前科劣迹，只要对秦国有用，秦王都以礼相待。

正是因为上述的原因，公元前246年，一个13岁的娃娃坐上了秦国的宝座，他带领着秦国的军民一统天下，建立了让华夏民族自豪至今的秦帝国，他本人也成了中国历史上的第一位皇帝，他就是秦始皇，名叫嬴政。

是谁亡了秦，赵高、李斯、项羽、刘邦？

话说嬴政顺利掌权之后，进行了一系列战争，彻底将天下统一了。他建立起了有史以来的第一个大帝国——秦朝，意义非凡。说嬴政建立了千秋伟业，一点也不过。其实，嬴政自己也认为自己的功业要万代流传的。为此，他专门改了称呼，自称秦始皇，这样一来，他的儿子继位后就称二世、三世，乃至万世。

但这还不是秦始皇的终极梦想。秦始皇的终极梦想是当神仙，自己永远不死。这样一来，就不需要他的儿子继承他的遗志了，他自己也就可以统治万万世了。

可惜，秦始皇的这一切都毁在了一个人的手里，此人就是赵高。赵高乃赵国的贵族，秦灭赵之后，将其掳入宫中，净了身，使之成了一名太监。可这赵高有两大特色，一是力气大，二是字写得好。他凭这两点受到秦始皇的青睐，虽只是太监，却地位显赫。

靠着流血的仕途一步步爬到秦朝宰相位置的李斯，也不时地巴结

赵高，以图保住他的位置。这两人一直在秦始皇身边，表面平和，暗地斗法。

为了寻求长生不老，秦始皇便求神仙药，赵高、李斯都知道这是个不可能的事情，但都竭尽所能拍秦始皇的马屁，维持着秦始皇这个荒唐的想法。秦始皇求长生不老药，赵高、李斯不拦着，那仅仅是失职。可在接下来的事情中，赵高、李斯的做法就太大逆不道了。

这事发生在公元前210年，当时的秦始皇因为没找到长生不老药，心里闷得慌，就开始了第五次巡查。去东海、游泰山，就算是东巡吧！大伙想想，秦始皇时已半百，心里还不痛快，那时的道路也不好，坑坑洼洼的土路，哪有现在的柏油路光滑平整，经过秦朝那时的旧式马车一折腾，他能受得了吗？在途中，秦始皇就病倒了。

秦始皇这样的工作狂，不病不打紧，一病可就很难再康复了。虽然巡查的车队紧赶慢赶，秦始皇还是没能赶回咸阳，在河北省的沙丘就一命呜呼了。

在临死之前，秦始皇让赵高拟定了一道诏书，命令在外打仗的长子扶苏赶快回来。赵高心里知道，这是秦始皇要见扶苏最后一面，面授机宜，准备把皇位让给扶苏了。赵高写完了这道诏书，左右看看，没外人，就偷偷地将诏书藏了起来。

赵高可不是一般的人物，他原来就是赵国贵族，熟悉宫廷斗争内幕。在扶苏和胡亥（秦始皇的小儿子）两人之间，扶苏和蒙恬之类的地方实力派关系铁。赵高曾因犯贪污罪，如果不是秦始皇干预，差点被蒙恬的弟弟蒙毅给结果了。如果扶苏继承了皇位，他这样靠阿谀奉承起家的人哪有好果子吃？倒是胡亥，人比较笨，而且对他言听计从。赵高意识到，他手中的诏书是一颗炸弹，如果就这样发出去，他的小命也不保了。所以，他得改诏书。

赵高为了自己的利益，决定违背秦始皇的意愿，立胡亥为皇帝，但要行动起来，单靠他一人是不行的。秦始皇车队的总指挥是丞相李斯，李斯才是真正的秦朝第一高官。这事，得找李斯商量。于是，赵高和李斯这两个互为利用的朋友躲在一起，偷偷地密谋起来了。

"李丞相，皇帝准备立扶苏当皇帝啊！"

"嗯。"李斯没言语。

"我说李大人啊，你比较一下，扶苏和胡亥，哪个与你的关系近啊？如果扶苏当了皇帝，你这宰相的位置能不能保下来，还真不好说。"赵高说。

这话触着李斯的痛处了，他经历了无数次流血的仕途，才拥有今天的地位，不能自毁前程。于是他说："赵总管有何高见？"

"干脆，我们改了这个诏书，反正外人也不知道。皇上的大印还在我的手里呢。我们就说，皇上立胡亥为继承人，并命令扶苏自杀。皇上估计撑不过今晚，他死了，我们就拿着这个诏书快回咸阳，让胡亥继位。你我照样享受朝中元老的待遇。"赵高说。

李斯想想也是，也就没有提反对意见了。

赵高和李斯密谈过后，就迅速地控制了嬴政的马车，一般人不让靠近。他们对外称秦始皇下命令了，只允许他们俩进出，别人不得入内。秦始皇没几天就死了，但除了李斯、赵高，别人都不知道，只是觉得

秦始皇巡查也不看风景而总是睡觉，有点蹊跷。

秦始皇东巡的车子一回咸阳，李斯和赵高立即召集朝中大臣，宣布了他们制作的伪诏，命令扶苏在前线自杀，让胡亥继位，大臣们这才大吃了一惊。但是，有宰相李斯撑着门面，由不得大臣们不相信。倒是胡亥有点诧异，没想到这么快就当了皇帝，一时还不敢接受。赵高眼睛一瞪，胡亥吓得乖乖地当了皇帝。

就这样，李斯负责朝廷百官的管理，赵高负责宫殿里的秩序。秦二世的新政府正式运转了。

胡亥是出了名的纨绔子弟，享乐可以，治理国家可是狗屁不通。他当上皇帝后，整天沉溺于温柔之乡，哪知道料理朝政。赵高倒是感觉好极了，他借胡亥的手，将自己的仇敌一个个地除掉了，而且让自己的亲信顺利地掌握了要害部门。不仅如此，他又开始向他政变的盟友李斯下手了。

李斯把赵高当朋友，赵高却把这当成了一个计谋了。

可不，赵高尽拣二世胡亥和美女玩得正高兴的时候，喊李斯进来劝谏。胡亥美女在怀，正乐不可支，李斯却在那里陈芝麻烂谷子地说那些大道理，怎么能不惹胡亥的烦恼呢？但李斯是宰相，第一次，胡亥放下美女，应付着；第二次，胡亥也还能忍受；可第三次，胡亥简直忍无可忍了，他问赵高：“我平时有空闲，李斯不找我，我寻欢作乐的时候，李斯就来了，他是不是偏跟我作对啊。他这么做，不是想探听我的隐私吧？”

"皇帝啊，你说得一点不错。最近不是陈胜、吴广起义嘛，那陈胜就是李斯的邻县人，听说李斯和陈胜经常暗中联系呢。"赵高编起瞎话来根本不需要打草稿。

"是吗？赶紧查办，去调查。"对于威胁自己统治的行为，胡亥再愚笨，也还是比较敏感的。

得到了二世胡亥的命令，赵高跑得比马还快，急急忙忙地将李斯给抓起来了。李斯此时才知道真相，但可怜的他只能在牢房里大骂了。

公元前208年的一个初冬，寒风凛冽，在咸阳的一个街头，李斯被腰斩，李家三族全都被杀掉。李斯流血的仕途宣告终结。

物极必反，盛久必衰。赵高鼎盛一时，也开始走下坡路。此事主要起因于赵高瞒报各地闹得沸沸扬扬的农民起义。为了营造一个天下太平的局面，赵高只对二世胡亥说好听的话。可胡亥在别人那听到的就不是这样的话了。当胡亥听说各地起义军风起云涌的时候，生气了，他开始怀疑赵高对他是否忠诚。

但在此时，赵高先下手为强了。他带着他的弟弟赵成、他的女婿咸阳令阎乐，在一个风雨交加的夜晚，冲到了胡亥的内宫。胡亥吓得都说不出话来。阎乐装模作样地宣布了胡亥的罪状，逼胡亥自杀。可怜的胡亥，当了不到三年皇帝，就到阴曹地府去见他的老爸和哥哥了。

胡亥死后，赵高又开始玩他在秦始皇死后玩的那一套把戏，召集大臣，宣布秦二世亡故了，得选一个人当皇帝了。选来选去，赵高和大臣们把胡亥哥哥的儿子子婴相中了。

不知道是赵高眼睛花了，还是子婴善于伪装。子婴可不是一个简单的人，他继承了秦皇家族的优秀血统。赵高这一帮跳梁小丑在秦廷上的那番作为，他是看得一清二楚。其实，赵高的嚣张气焰除了秦二世胡亥，谁人不知，谁人不晓？

于是子婴设了一个计策，他故意推脱自己生病，不能前往接受皇帝的玉玺。赵高见子婴不来，想都没想，拿着玉玺就送到子婴家去了。

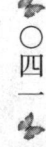

子婴在家里布下刀斧手无数，他杯子一摔，刀斧手齐出，迅速将赵高剁成肉泥。接着，子婴掌握秦朝大权，灭了赵高家三族。赵高嚣张了三年，也下地狱去追随他刚刚杀死的胡亥、李斯和三年前杀死的公子扶苏去了。

公元前209年，也就是赵高刚把胡亥送上皇帝宝座的那年的七月，陈胜、吴广在大泽乡举行农民起义；九月，项羽和他的叔叔项梁打着"楚怀王"的旗号起兵。此时，泗水的刘邦也放下小亭长的公职不干了，忙着起义反秦。这些起义军势如破竹，把秦军打得落花流水，眼看就要打到咸阳了。

这时，也亏赵高沉得住气，咸阳之外都炸开了锅，他还忙着争权夺利，控制朝政。就连这些军情，都不对二世胡亥说。二世胡亥偶尔从别人那听到这样惊天的消息，能不责怪赵高吗？这就使得赵高和二世胡亥结下了梁子。即使赵高杀了胡亥，子婴杀了赵高，这又有何用？此时，生米已经做成了熟饭，左右历史的已经不是他们了。

倒是项羽和刘邦打的一个赌，决定了以后的历史发展。

话说项羽和刘邦，都归入了楚怀王手下，他们各领了一支人马，都对秦朝的心脏关中之地格外感兴趣。关中土地肥沃，是天下的中心，得到关中者，也就离下一届皇上的宝座的距离不远了。楚怀王就给做了个保，让项羽和刘邦兵分两路，谁先攻取咸阳，抄掉秦朝的老窝，关中就属于谁了。两人都同意，并勾了手指头，表示永不反悔。

结果，在子婴杀掉赵高之后，刘邦的大军把咸阳围起来了。可怜的子婴打着白旗，把刚到手还没捂热乎的秦朝大印送给了刘邦，只求刘邦别把他给杀了。随后，项羽也率兵从巨鹿前往咸阳。得知刘邦抢了先，项羽一肚子气没地儿发，就拿秦朝的宫殿撒气，一把火把秦始皇营造多年的金碧辉煌的宫殿全烧了。为保命送秦朝大印给刘邦的子婴此时才知道，比起刘邦，楚霸王项羽更霸道。他的小命还是没保住，项羽也把他给杀了。

秦朝的历史随着刘邦的攻占，项羽的大火而灰飞烟灭了。此后，这两个小时候一起玩过的人物，开始了长达数年的争斗。刘邦与项羽争斗，刘邦胜了，这谁都知道。但刘邦与项羽之间争斗的潜规则谁了解呢？又是什么左右了大汉政权呢？请接着往下看。

刀光剑影，楚汉争霸

项羽，刘邦。一个英雄，一个流氓。

英雄注定是让人敬仰的。草莽流氓，为了追求利益，会不顾一切，哪怕老爸被人绑架，哪怕儿子挡住了道路。流氓的行为虽然被人耻笑，但他们绝对是既得利益者。

英雄遇见了流氓，斗争的经过很搞笑，斗争的结果则令人意外。

项家造反势力

在秦二世胡亥出生前的一年，在江苏宿迁的项家，就有一个男孩呱呱落地了，此人乃楚国将军项燕的后人，名羽。项羽出生时，传说就长了两个瞳孔，注定为不凡之人。

当时正处于秦国扫荡楚国的时期，没多久，项羽所在的楚国就灭亡了。项羽只得跟随他的叔父项梁流落他地。但他们毕竟是贵族出身，项羽从小就接受了很好的教育。项羽曾先后学习过文化、武功和兵法。特别是兵法,项羽酷爱,也学得很卖力。项羽在兵法上的造诣,简直是出神入化,用"攻必克,战必胜"来形容一点也不为过。项羽生得虎背熊腰,力大无穷,举起一个大鼎都没有问题。

那么,项羽又是怎样走向了起义的道路,当上楚霸王的呢?这还得从楚国灭亡以及陈胜、吴广起义那时说起。话说秦朝攻下楚国全境之后,将楚国的领土划为秦国的三个郡,楚国人民就这样成了秦的属民。只是楚国曾经富庶一时,老百姓自由自在,很难适应秦朝的严苛法令。秦朝的税赋和劳役制度,更是压在楚国百姓身上的大山。就在这时,楚国人民爱戴的楚怀王竟然被秦朝给折磨死了,再次加深了楚国人民对秦朝的憎恨。楚末,项燕将军与秦军殊死战斗的情景一遍又一遍地在楚国国民中的脑海里浮现。

"楚虽三户可灭秦",楚国人是有血性的,人们开始传诵着这些口号。

在人们咬牙切齿的愤怒中,大泽乡地区传来了信息。那时虽没有现代通信手段,人们口耳相传的速度也着实不慢。参加劳役的陈胜、吴广开始造反了。原来,陈胜、吴广是两个小官,押解着罪犯去服劳役,因为大雨耽搁了时间,依据秦朝法律,他们即将面临的是处死的命运。反正也是死,不如死得壮烈。为了吸引更多的人参加,他们还找了两个形象代言人,一个是秦始皇的大儿子扶苏;另一个是楚国人们公认的大将军项燕,此人兵法了得,曾和秦军周旋了很久。

此时是公元前209年,秦二世胡亥刚刚上台不久。

当时的秦朝两支大军,一支在漠北,与匈奴战斗,一支驻扎在南方,为秦国开疆辟地,倒是国家内部的军事部署非常少。所以,陈胜、

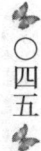

吴广带领的起义军，所向披靡，将秦军打得落花流水。很多压抑已久的人深受鼓舞，就都纷纷参加了起义军，渐渐地，他们的队伍越来越壮大。

陈胜始终有着当王侯的愿望，刚起义的时候，他就偷偷地将写有"陈胜王"的锦书塞入鱼腹中，让士卒在吃鱼的时候，无意间见到这三个字，好造成他当王是天意的假象。起义军攻下一个叫陈的军事要地的时候，陈胜就迫不及待地当王了。这天时已经借完了，赶上了那场从没见过的大雨，该借地利了。这陈地让姓陈的陈胜来当王，正好借了地利。并且封吴广为假王，建立了西楚政权。陈胜建立了政府，就派人到各地去"指导"别人起义，并把这些人划为自己的部下。

陈胜个人日益骄纵，起义军内部也变得混乱起来，将领们争权夺利，甚至不惜兵戎相见。

最后，起义军将领田臧假借陈胜的命令杀死了吴广，造成大半起义军失败的结局。陈胜本人也因失德，众叛亲离，被叛徒庄贾杀害。但是，虽然陈胜、吴广的起义失败了，但这次起义无异给那些内心愤怒的秦朝人打了一剂兴奋剂，于是大伙都蠢蠢欲动，准备好好地与秦朝大干一场。

在起义的浪潮席卷全国的时候，项羽的叔父项梁开始行动了。叔侄俩在吴中刺杀了太守殷通，开始了伟大的革命事业。不得不说的是，在此次刺杀行动中，24岁的项羽展示了他无人能敌的超人功夫，殷通的一百多个侍卫，让项羽一个人就摆平了。

项梁本人就是一个著名的人物，他的老爸是项燕啊！而且，他还采纳了谋士范增的建议，将被秦朝弄死的楚怀王的孙子找了出来，让他接替他的爷爷，也当"楚怀王"。

于是"楚怀王"和抗秦英雄项燕的儿子项梁闪亮登场了,百姓们奔走相告,恢复楚国的繁荣和人民的幸福生活终于有了希望。

很快,在吴中地区,项梁就聚集了八千精兵,这是他们起家的本钱。他们渡江北上,势如破竹,所向披靡,把秦军打得落花流水。

更重要的是,有"楚怀王"这杆大旗,各地零星的起义力量纷纷靠拢,甘愿听从项梁、项羽的调遣。在这段时间,就有东阳令史陈婴率义军来归,渡淮后英布、蒲将军以兵相属。项梁、项羽起义军的力量达到了六七万人,成为当时起义军的主力。

就在这个时候,另外一个人走进了项梁、项羽的军队,他的名字叫刘邦。只是,他的到来,开始并没有引起项梁、项羽的注意,因为他的实力太小了,而且刚刚遭遇部下的背叛,面临着秦兵的追杀,当时也只有项梁、项羽这棵大树能够救他了。

刘邦到底是何许人也?

痞子刘邦粉墨登场

刘邦比项羽大24岁,他出生的那年(公元前256),周赧王姬延刚刚去世,秦朝还处在秦庄襄王时期,嬴政也才刚刚3岁。不同于项羽和嬴政,他出生于江苏沛县的一个穷山村,父母都是农民。

在家中,刘邦属于老幺,上面有几个哥哥,所以,父母对刘邦的管教放任了些,这就造就了刘邦天不怕地不怕的性格。没事可做,他就整天游荡于沛县的街头,正经朋友没有结交几个,却和一帮地痞无赖混在了一起。在混混群里,刘邦可是个不可多得的人物,他与沛县黑白两道的人都有联系。如果你想在沛县里办个事,找刘邦帮忙,准

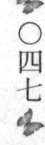

没错。刘邦这人比较豁达、仗义。

混迹于沛县"黑社会"的刘邦，在一次偶然的机会，遇见了一个主管沛县人事和文书的小官，他很看重刘邦，认为刘邦可成大事，此人就是后来辅佐刘邦平定天下的萧何。也正是在萧何的帮助下，刘邦当上了沛县泗水亭亭长。在任上，刘邦照样结交狐朋狗友，譬如歌手周勃、马夫夏侯婴、屠夫樊哙。

光阴似箭，转眼间，刘邦已经43岁。回过头来，刘邦一看，他除了混了个小亭长，一无所成。而且，他连一个媳妇都没有混到。听说沛县的名门吕氏家族家的小姐吕雉漂亮，刘邦就打上主意了。在吕雉老爸吕公生日那天，刘邦也夹杂在县城里的名人堆里，给吕公送了一份最重的礼物。吕公是一个爱财的人，见刘邦出手这么阔绰，不免多看了他几眼。这就得感谢刘邦老妈把刘邦生得眉目清秀，人见人爱。这吕公一眼就相中了这个帅小伙，决定把自己的女儿吕雉嫁给刘邦。

刘邦乐得抱着吕雉回家入了洞房，等吕公发现刘邦送的礼单竟然是虚报的时候，刘邦和吕雉已经生米煮成了熟饭。

如果不是接下来的一件事，刘邦也许就一辈子生活在沛县，当着小小的亭长，和"赖"回来的媳妇吕雉生儿育女，消失在历史的长河中。可这时发生的一件事情，彻底改变了刘邦的命运。

事情起于秦朝廷在沛县征召一些犯人去修建骊山的墓地的命令。这是个大差事，县令不敢怠慢，但派谁去押送这些犯人呢？想来想去，觉得刘邦最适合。于是，刘邦就带着几个人，押着一大批犯人上路了。因为负责押送的人太少，还走没多远，就有犯人逃跑了。以后的日子里，每天都会少几个犯人。刘邦想来想去，觉得这样一来，他们没有走到骊山，犯人就跑光了。这时，天不怕地不怕的刘邦站了出来，对那些犯人说:"我知道你们可怜,这样吧,我也不去骊山了,你们愿意走的,就走吧。责任我一个人扛。"

不过,幸运的是,刘邦没成孤家寡人,有一些比较仗义的犯人对刘邦说,你真够意思,够哥们呀,我们不跑了,你就当龙头老大吧,我们就听你的。以后,我们就一起混世界吧。就这样,刘邦带着这批犯人东躲西藏。在某个夜晚,刘邦带着这群人逃跑时,遇见一条大白蛇挡住了去路,那些人吓得不敢走了,刘邦抽出了三尺宝剑把白蛇给杀死了。

当时陈胜、吴广的起义军所向披靡,眼看就要攻到刘邦的家乡沛县了。沛县的县令在是否也起兵造反问题上犹豫不决,刘邦的酒肉朋友夏侯婴给刘邦通风报信了。刘邦倒认为,与其当通缉犯,不如造反痛快。于是,夏侯婴赶在县令杀害萧何、曹参之前,将他们救到了刘邦藏身的地方,而且偷偷地运来了沛县的战车。

就这样,刘邦以一群逃命的犯人和自己的酒肉朋友为班底,十几个人,开始当上了草头王。当天晚上,沛县县城出现了滑稽的一幕。刘邦这个通缉犯站在城门外大喊,大家造反吧!接着城里的刘邦朋友樊哙将县令杀了,将刘邦拥上了县令的宝座。刘邦自称沛公,将他认识的那些混混组织了起来,短短几天就发展了两三千人,足足有一个加强团。而且,刘邦的那些酒肉朋友都获得了一官半职,萧何、曹参为参谋,坐牢时打死也不供出刘邦的卢绾为侍从官,马夫夏侯婴、歌手周勃等为部将,屠夫樊哙为先锋。

起义军刚刚有所起色,刘邦却遇到了他平生的第一件大事,那就是他的老母亲去世了。百善孝为先,刘邦还是个孝子,他就对那些将领说,先别急着打仗,我去把老母的丧礼给办了。就这样,那些起义

一〇四九

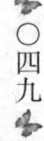

军就像以前一样,在沛县晃荡着。他们不知道,此时他们的身份变了,他们已经不是秦朝的顺民,而是秦朝的敌人了。陈胜、吴广的起义也被秦将章邯给灭了。泗水的郡守见境内刘邦这个杂牌起义军没啥实力,就率军来剿灭,好捞点功劳。

接到消息后,刘邦也不守丧了,赶快叫屠夫樊哙去还击。好在樊哙杀猪出身,打仗够猛,把秦军打得落花流水,但刘邦的起义军也损失了不少。刘邦还没来得及清点人数,他的老窝封邑的起义军将领雍齿竟然反叛了,他的司令部也就彻底完蛋了。原来,雍齿与刘邦争过寡妇王媪,结果刘邦顺利得手,让雍齿记恨至今,最终还是在战场上报了情场的仇。

刘邦的起义军同外敌秦军打仗本就消耗很大,现在又让雍齿端了老窝,眼看着就没法再干下去了。刘邦的前途又该如何呢?

当英雄遇见了痞子

英雄勇猛无比,攻城略地,自不必说。但是,痞子却不按常规出牌,不讲任何道义,什么事情都可以做。有道是:好武艺打不过烂戏子。不按常规出牌的人,往往是赢家。英雄项羽和痞子刘邦之间的明争暗斗,注定是一场大戏。

就在刘邦一筹莫展的时候,谋士张良走进了刘邦的军营。这张良曾经游览全国,与混混刘邦以及楚国没落贵族项羽都有交情。张良劝说刘邦,干脆找个主子投靠吧,再这样下去,你的这些杂牌军迟早要被秦国给灭了。

刘邦也说，我也没办法啊，原来准备投靠陈胜，不料陈胜自己都被打败了。我没门路啊，兄弟。张良眼珠一转，说，兄弟啊，投靠"楚怀王"那一伙吧，他们目前发展得不错，再说那里面的老大老二项梁项羽，我都熟悉。

在项梁项羽的起义军中，像刘邦这样的小角色多了去了。刘邦怎样才能在这些人中脱颖而出，这是个大问题。可喜的是，刘邦在沛县的黑白两道历练了多年，拉关系、交朋友的本事十分厉害。这刘邦早就懂得人际关系之道。人际关系才是第一生产力。对于刘邦而言，这最重要的人际关系就是项羽了。在起义军中，刘邦第一次拜访了项羽。项羽本来就是楚国之后，自幼就养成了一种孤傲自负的性格，再加上他和叔父项梁执掌着这样一支实力雄厚的军队，他一直战功赫赫，能对刘邦看得上眼吗？

刘邦找机会拜见了项羽，和项羽竟然聊了起来。刘邦尽拣项羽爱听的军事、兵法说，并且赞扬项羽勇气过人，力大，而且治兵有方之类的话。项羽性格虽孤傲，却爱听奉承话，自然和刘邦聊得很欢。

其实，奉承别人不算真本事，即使这次刘邦和项羽聊得再好，也顶多能起到让项羽记住有刘邦这号人的效果。这可不是已经年过40岁的刘邦最终目的。搞关系的老手刘邦，觉得该弄点真格的了。

刘邦突然"扑通"一下，跪在了小自己24岁的项羽身边了。当时才二十多岁的项羽哪见过这架势，一下子愣在了那里。这时候，刘邦说话了："兄弟啊，真是相见恨晚，从今以后，我就认你做大哥了，一切听你的，不求同年同月生，但求同年同月死。"

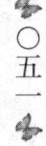

于是，项羽和刘邦设香案，正式地拜为把兄弟。这对于项羽来说，绝对是第一次拜把子，但刘邦也不知道拜了多少把兄弟了，只要能利用的人，都被刘邦认了把兄弟。这招，刘邦屡试不爽。

成了起义军二号人物项羽的拜把子兄弟之后，刘邦在起义军中地位自然也就上升了。他跟随着项羽，吃香的喝辣的，不亦乐乎。

话说项梁大军一路高歌猛进，渡过黄河，准备向秦军的心脏部位突进。这个时候，略显骄横的项梁遇到了平生的死敌，此人就是章邯。

章邯，本是秦朝一个普通税务官员，官职是少府，不算怎么突出的。不过他毕竟是秦部落的子孙，从小也耳濡目染了一些军事常识，算是个军事爱好者吧。陈胜手下周章带着几十万起义军到家门口了，而秦军的两大主力都在外线开疆拓域，回兵救援已来不及。秦二世胡亥和满朝文武都不知如何是好。此时，章邯站了出来，他把秦朝修建骊山陵墓的一些犯人组织了起来，发给他们兵器，就让他们上战场了。俗话说，千军易得，一将难求。此时秦军的兵员素质虽不怎么样，但章邯的军事才能还不错，他采取了各个击破的战略，陈胜、吴广那帮人相继成了他的刀下鬼。

章邯攻打起义军的时候，不断壮大自己的势力，手中已握有数十万的军队，而项梁仅仅十几万。单凭人数，项梁不是章邯的对手。但是，章邯面临的是天下所有的反秦起义军，而项梁却可以联合其他的起义军，互相配合。在这点上，章帅比不过梁将。

在夏邑（今河南夏邑县），项梁的军队主动向章邯发起攻击。很不幸，项梁的军队战败了。接着，章邯将项梁的盟友田荣围在山东东阿，项羽带领刘邦等人解围成功，打败秦军，迫使章邯退守定陶。见自己的军队这次战役打败了章邯，项梁变得骄横起来，亲自率军追击至定陶，零星消灭了一些秦军，但定陶始终没打下。双方处于对峙状态。

躲在定陶的章邯一刻也没有闲着，他的脑子在飞快地旋转。俗话说，"擒贼先擒王"，项梁军队的核心目标，目前只有一个，那就是项梁本人。如果项梁死了，这支部队一定会大乱。于是，一个"斩首计划"开始实施了。

夜幕下，一队黑衣黑裤的秦军人马正秘密地接近项梁大军的军营，士兵们的喘息声此起彼伏。一向爱兵如子的项梁还没有入睡，正打着灯笼挨个军营查房，突然间，哨兵大喊："谁？"项梁急忙跑出去查看，不料，一把大刀从他的脖子削过……

项梁一死，他的大军顿时群龙无首，被赶来的秦军消灭得差不多了。十几万大军，一夜之间，死的死，逃的逃。

当时项羽带着刘邦正在外地执行任务，他的军队没有遭受到秦军的打击。接到老谋士范增传来的噩耗后，项羽泪流满面，但施救已晚矣。项羽擦干了眼泪，决定重整旗鼓，接过叔父项梁手中的大刀，继续叔父未竟的事业。列位看官可要注意，此时项羽身边的刘邦开始心怀鬼胎了。

此时不得不说的一个人叫宋义，此人已经白发，但一心辅佐傀儡"楚怀王"，对项梁、项羽有怨气。项梁在世的时候，宋义不敢吭声。项梁一去世，面对二十多岁的毛头小子项羽，宋义开始了他的计划。刘邦是何等聪明之人，在这样关键时刻，他绝对不会错过的。这不，他和宋义接上头了。

看准时机太重要了。项梁在世的时候，刘邦已经看到了"楚怀王"大旗下的裂痕，项梁、项羽掌握军队，而宋义与"楚怀王"交好，宋义明显斗不过项梁、项羽。刘邦站在项羽这边，是有便宜可占的。项梁一死，宋义因为掌握了"楚怀王"这杆旗帜，实力大增。此时，刘邦就得和宋义交好了。而且，刘邦创造了被宋义利用的价值，那就是他一直和项羽在一起，可以分化项羽的军队。于是，一个白发老人和一个四十多岁的痞子完成了一个利益交换，双方达到了共赢，损失的只是项羽。

项梁死了，宋义这个小老头忙着削弱项羽。他不知道，章邯的秦军在打败项梁之后，稍微调动一下军队，就可以把他和所谓的"楚怀王"给灭了。只是因为章邯见楚地这些小流寇不值得动用部队镇压，才撤兵前往赵国镇压起义去了。

可是，章邯的判断失误了，像宋义这样的小老头，的确不值得他动军队，可楚地还有项羽这样的猛将啊，这不，赵国把求援信件送到了"楚怀王"的手里。

依据项梁在世的规矩，这一定是要发兵前去救援的。"楚怀王"也决定派兵前去，项梁死了，他可不能就此失了面子。究竟派谁去呢？这可是个大问题。二十多岁的项羽见章邯又在进攻，自然要率兵前去，进行北伐，只是宋义不愿意将军队交给项羽。宋义决定亲自率领这支部队，又让"楚怀王"封他为"卿子冠军"，以超越项梁生前的称号，因为军人大多为项梁和项羽的班底，所以宋义还得把项羽捎上，让他担任次将军，范增担任末将军。

北伐章邯的军队组建完了，当然，这支军队的任务不仅仅解救赵国的围困，还有消灭章邯，继而端掉秦朝在咸阳老窝的任务。

让人生气的是，在北伐军之外，宋义又别出心裁地弄了个西征军，任务就是收罗起义军的残部，以及从另外一个方向攻击秦朝都城咸阳。但是，这西征军不需要去啃章邯这块硬骨头的。西征军该让谁来领导呢？宋义摸了摸胡子说，让刘邦带着他的那个机动部队去吧。地位最高的"卿子冠军"说话了，别人也不敢反驳。项羽因为急着要和章邯打仗，以报杀叔父之仇，也不管西征军让谁率领了。就这样，刘邦顺利地当上了西征的大将军。其地位与项羽差不多了，甚至还要高。

"楚怀王"不失时机地说了句话，那就是"谁先打到关中，即以其地封他为王。"关中王的封号太诱人了。关中何许地也，乃秦朝的老窝所在地，当了这地方的王，就离称帝不远了。不过，项羽进关中，要和秦朝的主力章邯决战，而刘邦则不需要了。看来，刘邦又占了大便宜。

别说，刘邦这个人拉关系，交朋友倒真的有一手。他带着西征军，一路下去，收编了很多起义军，还吸引了不少的人才，这里暂且不表。

倒是项羽感觉格外地压抑，他不但没有北伐军的完全领导权，而且连自己的谋士范增也被宋义带在身边，只让他率领着前锋部队，远远地走在前面。或许是因为害怕章邯，宋义走走停停，还不断忽悠别地的起义军来帮助他们攻打章邯。

项羽性子急，可等不了了。他多次与宋义力争，都被宋义给顶了回来。最后，宋义摆起了领导的架子，对项羽说，你再这样嚷嚷，我就对你不客气了。这可把项羽气得够呛。但是，项羽还是忍住了。只是，眼看就要到冬天了，北伐军的粮食也不太够吃了，再不和章邯决战，就丧失了战机，项羽急得吃不着睡不香。

也怪宋义失算，他将项羽的谋士范增留在自己身边，虽然分化了

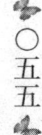

项羽的力量，但也等于让范增能够名正言顺地充当项羽的耳目，他的一举一动，都被范增记下来，汇报给项羽了。这日，项羽正焦急的时候，范增偷偷地跑到项羽的营地，告诉项羽："这是个好机会啊。"两个人密谋了一会儿，项羽就离开营地，跟手下将领说："我们现在没吃的了，可宋义还在置办酒宴，宴请齐国的起义军领导呢。"

将领们听到这个消息，心里能痛快吗？再加上项羽的乘机煽动，那些将领就对项羽说，干脆，将这个小老头杀了算了。我们没吃的，他倒吃香的喝辣的。有了将领们的支持，项羽就带着一把尖刀去找宋义算账去了。

其实，这宋义和齐国的起义军领导喝酒，就是准备忽悠他们派军队来支援自己，大家一起打秦国的。他刚谈妥，就被冲进来的项羽把脑袋给割了。

项羽和自己的谋士范增再次团结在一起，和杀死项梁的章邯正面对抗了。巨鹿大战就此拉开了序幕。

项羽自知北伐军中，只有原来属于他手下的那八万士兵才能真正地卖力打仗，而其他方面的起义军，即使听从号令，也难免有推诿的心理。于是，项羽带上那八万项家子弟兵乘船渡河，凿沉船只，砸破炊具，烧毁营舍，携带三天口粮，决定不打胜仗，绝不活着回来。（这就是成语"破釜沉舟"的来历。）

项家军与秦军连续打了九仗，最终项家军截断了秦军的栈道，将数倍于自己的敌人秦军打败了，并打死了章邯的部下苏角，俘虏了章邯的部下王离，秦将涉间吓得自焚了事。章邯只得带着仅有的一点兵力跑掉了。

章邯吓得不停地向项羽提出和解。最终，项羽见军中粮草不多，才同意了与章邯停战，封章邯为雍王，让秦军为先锋，直捣秦国都城咸阳。

就在项羽大告成功的时候，我们不能忘记另外一个人，那就是年纪比项羽大，比项羽更会拉关系的刘邦。

刘邦担任西征军的头头之后，确实干得不错。他没有项羽那么多兵员。临走的时候，也就带着个机动部队。但一路上，刘邦广交朋友。陈胜及项梁溃亡后流散在各地的残军，纷纷归入刘邦麾下。慢慢地，刘邦这支杂牌军也发展壮大起来了。

兵员充足，粮草充足，还需一个大本营，刘邦带着手下的那些兵将到处和秦军打仗。刘邦的指挥才能不怎么样，所以，他的部队有输有赢。如果刘邦一直这样没章法地打下去，他的兵员再多，粮草再广，也会逐渐被消耗掉的。在这样的关键时刻，张良又一次出现了。

原来，张良帮助刘邦进入了项梁、项羽的起义军之后，自己跑到了他所在的韩国地域，帮助韩国的起义军打游击。只是这些游击军不怎么样，打来打去，也没有打出个名堂。如今，他看到刘邦发展得不错，就跑来了。

见张良来了，刘邦非常高兴，他紧紧地握着张良的手，眼含泪水说道："兄弟，想得我好苦啊。"张良可没时间和刘邦玩虚的，他急忙对刘邦说："赶快去攻打关中啊，那是秦朝的老窝，可是块肥肉。"刘邦叹气地说，"兄弟啊，我不是不想打，可惜章邯的大军挡在那里，我哪敢去啊？"张良眼珠一转，说出了一番不负责任的话："章邯这块硬骨头让项羽那个傻帽去打，我们绕开他，从武关进入关中。"

见张良说得这么带劲，刘邦拍了拍张良的肩膀，说："干脆，你帮我指挥算了。"

刘邦可不是胡说，他真的把指挥权交给了刚来投奔的张良。接到重担，张良尽情地发挥自己的才能，他让刘邦在舆论战和心理战上做功夫。刘邦宣布大军进入关中，即废除秦朝严苛的法令。除了杀人、伤人和盗窃这三件事，关中地区的老百姓可以干任何事情。这"约法三章"一出笼，老百姓自然拥护刘邦了。对于秦朝的将领，刘邦尽量少与之直接战斗，以劝降为主。凡是投降过来的秦朝将领，都给予优厚的待遇。

如此这般，刘邦的军队几乎没有打什么仗，就顺利地进入秦朝都城咸阳。公元前206年10月，刘邦接受了他今生最大的一个降敌——当时的秦朝皇帝子婴。刘邦自己都不知道为什么，带着大军就顺顺利利地进入了秦朝的都城。

项羽一路北上，打的都是恶仗，如果不是项羽消灭了秦军的主力章邯大军，刘邦纵有天大的本事，也不会发展得那么顺利的。就连秦朝的新皇帝子婴投降刘邦，也是因为章邯被项羽打败了。

子婴当上皇帝做的第一件事就是投降。可惜的是，他做的这唯一的一件事，还做错了。他应该投降西楚霸王项羽，而不是刘邦这个痞子。可不，就因为他的投降，让项羽和刘邦之间由明争暗斗变成撕破脸皮的你死我杀。

在鸿门，项羽驻下军队后，便把刘邦给叫过来问话了。于是，发生了一幕千古流传的鸿门宴故事。可惜的是，项羽还顾及他和刘邦之间的那点情谊，让刘邦找了个上厕所的机会逃跑了。

项羽进入秦都城咸阳，烧杀抢掠，已经丧失了部分民心。但项羽此时做的另外一件事，更让他陷入不义。那就是，他杀了可怜的"楚怀王"。

"楚怀王"一直是项羽起义的一个旗帜，一切的一切都是以"楚怀王"的名义进行的。"楚怀王"事实上成了天下的共主，杀害了他，也就意味着得罪了天下。这就为刘邦进攻项羽找到了口实。

刘邦与项羽的尖峰对决

话说项羽消灭了秦朝，夺得了天下，他自称西楚霸王，以徐州为都城，拥有楚国附近的精华九郡。然后将其他的土地分封给那些将领们。刘邦夺取了关中，项羽虽不愿意将关中封给刘邦，却也没有亏待刘邦，他送给了刘邦巴蜀、汉中这两块最富庶地区，刘邦就此成了这里的老大。

本来，项羽完全可以自立为皇帝，建立起另外一个朝代的。但项羽没做，就做了个西楚霸王，而且以徐州这个最容易遭受别人攻击的地方做都城，足见项羽的短见。分封诸侯，其实是将秦朝重新拉回到战国时代，这样诸侯之间的争斗就免不了了。

此时的刘邦对项羽格外热情，甚至可以说谄媚。因为刘邦向来不要面子，能保住命就可以了。刘邦的表演真的有一套，项羽还送了刘邦三万人马，让其走马上任去了。

要知道，巴蜀路途遥远，仅在上任的途中，就会吃很多苦头的。

多亏刘邦的交际才能不错，硬是忽悠了不少人跟着他去巴蜀开天辟地去了。在这群人中，就有一个叫韩信的人，他因为甘愿钻别人的裤裆而闻名于世。韩信拜见项羽的时候，自然不被看好。所以，他只好跟着刘邦翻山越岭地去赴任。在刘邦的大军中，韩信也只是个小参谋级别的人物。在赶路的过程中，韩信的酒瘾犯了，就偷了刘邦军中的很多酒。当时，因为逃跑的人太多，逃跑的人都会偷粮食，所以刘邦不得不严惩偷窃的人。

　　酒鬼韩信就这样被抓到了，并押到了刑场准备砍头了。韩信心里嘀咕，这可麻烦了。情急之下，他想起刘邦比较重视人才，就立即大喊："汉王不是想要争夺天下吗？为什么要杀我这个壮士呢？"这句话真管用，负责杀他的夏侯婴，也就是刘邦起义时为刘邦偷运车辆的那个马夫，于是就放下了手中的刀。而且，这两个有过盗窃经历的人还成了朋友。

　　韩信知道夏侯婴和刘邦的关系亲密，就委托夏侯婴向刘邦推荐自己。夏侯婴还真够哥们义气，将韩信推荐给了刘邦的人力资源主管萧何。萧何面试完韩信之后，觉得韩信还真有点本事。可萧何并没有说"明天就来上任"这类的话，而是说："回去等消息吧。"

　　韩信是急性子，左等右等，就是等不到刘邦重用他的消息，慢慢地就心灰意冷了。而这时，刘邦的部队也进入了封地巴蜀。大家都没有想到，封地竟然这样荒凉，很多人都后悔了，纷纷逃跑。韩信也加入了逃跑大军的行列。幸亏萧何发现得早，硬是把韩信从边境线上给追回来了。

　　这时，萧何立即让韩信去见刘邦了。刘邦一向平易近人，坐在那里听韩信长篇大论。

　　韩信说——

项羽有万夫不当之勇,绝对是好将军。但是,项羽不会任用人才,他手下的将领没几个出类拔萃的。项羽占着关中那么好的地方,竟然自己不要,回到了徐州那个最容易遭别人攻击的大平原,可见,项羽不聪明啊。所以,我们得首先占据关中,然后攻下项羽老巢徐州,这样就可以统一天下。

刘邦一听,有道理啊,于是大笔一挥,一个任命状签署好了。从那以后,韩信就担任他的汉军总指挥,带军队去实施他的计划。韩信暗暗地将刘邦的军队运送到关中附近,等待着战机。

战机很快就来了。

项羽分封天下后,不仅仅刘邦不老实,很多人也都不老实,到处作乱。项羽就成了救火队员,谁不老实,就打谁。公元前206年5月,项羽带着部队去攻打齐国田荣去了。趁此机会韩信立即出兵,一月之间,就将关中之地占为己有。

刘邦的军队有一个特点,就是在攻打项羽的一路上,到处宣传刘邦的好处,而且积极收拢那些反叛项羽的势力。如此再三,韩信带领的刘邦大军的人数又增加了不少。而且,刘邦还大肆炒作项羽杀死"楚怀王"的事情,其意思就是,项羽竟然将天下的"义帝""楚怀王"杀死了,我刘邦大军就得代表天下去讨伐项羽啊。

接下来,韩信就以关中为基地,率军直捣项羽的老巢——徐州。这徐州是平原地带,无险可守,没多久也让韩信给占领了。

得到刘邦军队抄了自己老窝的消息后,项羽既生气,又震惊。作为这些小诸侯的头头,项羽连诸侯们不听话的行为都不能容忍,时不时率兵去敲打敲打,刘邦这小子倒好,竟然公然打到自己的都城来了。

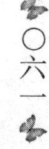

项羽教训完齐国的田荣，就挥师来救。项羽打仗勇猛，他手中的军队也是精锐中的精锐，而且徐州易攻难守。没几下，项羽就把刘邦的军队给打得七零八落，将徐州又夺了回来。

这之后，项羽和刘邦就开始了面对面的厮杀。但项羽受不了刘邦的打法，要不就是缠着他，要不就是分化他的部队。

分化项羽部队的阴谋家名叫陈平，也是农民出身，读了些书。秦末起义的时候，他也趁机加入了起义军，后来混到了项羽手下当谋士，不被项羽看重，郁郁寡欢。在鸿门宴上看到刘邦痞子般的表演后，他觉得刘邦这人有出息，就准备跟刘邦混了。随后，就是因为陈平的暗中帮忙，项羽才放弃了扣留刘邦的打算。

陈平这人玩阴谋真的有一手，他大搞离间计策，将项羽的谋士范增、盟友彭越、英布全给分化了。

公元前202年10月，项羽和刘邦见双方实力相当，谁都无力取胜，就达成和约，以荥阳为起点、淮南为终点的古运河鸿沟为界，鸿沟以西归汉，以东归楚。

项羽向来仗义，说话算数，带着部队就回去了。可惜的是，英雄项羽忘记了，他的对手是痞子刘邦，刘邦说话啥时算过数？他看项羽撤兵的时候，疏于防范，而且韩信的援兵也赶来了，就立即撕毁了和约，下令攻击项羽的军队。韩信不断地设置埋伏，借以消耗项羽军队的有生力量。公元前202年12月，也就是双方达成和约的两个月后，刘邦将项羽的部队围困于垓下。

刘邦军队虽然围困了项羽的军队，但是谁都知道项羽的手下作战勇敢，不敢轻易去攻打。这时候，刘邦又用了一个计策，那就是，在项羽的西楚军队四周唱楚国的歌曲。那些准备回家的西楚士兵听到这样的歌曲，哪里还有斗志？而且，项羽又错误地判断是刘邦把整个楚地都占领了。无奈之下，项羽拼死一搏，带着八百突击队员强行突围。

刘邦的重重包围也没有阻挡住凶猛的项羽，项羽一口气跑到了乌江的岸边。旁边的船工见霸王项羽来了，立即解下渡船，准备载项羽过河。只是，项羽当时的心情异常复杂，他最喜欢的女人虞姬刚刚自杀，而他的军队也烟消云散了。项羽再也受不了了，抽出宝剑，自刎而死。楚汉争霸也就此宣告终结。

大汉：皇权争夺白热化

刘邦灭了项羽，建立了汉朝，当上了皇帝。

他死后，围绕着皇帝的宝座，各色人等粉墨登场。皇帝的子孙，皇帝外婆家的亲戚，皇帝身边端水倒茶的太监，皇帝手下手握重兵的将军们，每个人都在权力舞台上闪亮地亮相，又迅速地消失。

刘邦：老婆篡权，兄弟打架

在小民家庭中，娘家人和婆家人打架，不算什么事，兄弟之间闹纠纷，那更是平常。但是，刘邦家族的家庭纠纷，则处处充斥着血腥味。无论是吕后主导的娘家人和婆家人斗争，还是刘氏兄弟的"七王之乱"，哪一次不是以血流成河收场？

吕后本名吕雉，刚成人就被43岁的刘邦骗为老婆的事情，前文已述，不再重复。只是当时的刘邦仅仅是一个出身穷山村的小亭长而已。

刘邦每日出去混世界，从小娇生惯养的吕后不得不下地种田，赡养刘邦的父母。

后来，刘邦就走上了造反的道路，吕后没少担惊受怕。眼看刘邦当了项羽手下的诸侯，吕后的日子有点起色了。刘邦又与项羽打仗，失败了，自己跑了，吕后和她的公公都被项羽给抓了。项羽对刘邦恨之入骨，能对吕后好吗？但在项羽军中，吕后还是凭借惊人的毅力活了下来。要不是刘邦与项羽之间划分了暂时的楚河汉界，签订了合约，互放战俘，吕后连回到刘邦身边的机会都没有。

刘邦虽然有点痞子气，但对自己的家人还不错。他当了皇帝，就把吕后封成了皇后，将他与吕后的爱情结晶刘盈立为太子。对于那些功臣，刘邦也无一例外地给予封赏。而且，刘邦为了使自己的江山永远姓刘，将天下划分几块，将自己的儿孙侄儿封到各地去当王。就连他的大哥的儿子刘濞，刘邦也格外重视，封了个吴王，去镇守民风最彪悍的吴地。

不过，在死之前，刘邦做了一个惊人的举动，那就是杀了匹白马，向天起誓，汉朝绝对不封异姓王，以彻底断绝异姓王侯篡夺汉朝最高权力的威胁。

在刘邦的葬礼上，吕后哭得很伤心，她不仅仅哭自己的夫君刘邦，也在哭自己的身世。她前半生屈辱，好容易当上了皇后，却年老色衰了。刘邦，一代君王，免不了有自己爱的女人，譬如戚夫人。屈辱和压抑，让吕后变得疯狂了。（吕后掌权后，将戚夫人砍了双手，挖了眼珠子，熏聋耳朵，扔进厕所，由此可见一斑。）

老公刘邦去世了，吕后唯一剩下的就是儿子了。疯狂而多疑的吕后得为她的儿子当上皇帝扫清道路。可是，汉朝内外的功臣们太多了。

在吕后的眼里，这些人对她都构成威胁。刚打下江山时，为了刘邦，吕后将韩信这员大将给勒死了；现在为了儿子，她又准备向那些功臣宿将开杀戒了。

刘邦死后，她秘不发丧，准备借机除掉这些功臣。倒是她的亲信劝她说，使不得啊，陈平、灌婴率十万大军在外驻守，樊哙、周勃正领二十万大军在外打仗。这两支大军中的任何一支，就足以推翻大汉的统治。

那就算了吧，先把儿子刘盈扶上皇位再说吧。公元前194年5月，刘盈当上了皇帝，是为汉惠帝。因为皇帝才15岁，年龄较小，于是吕后摄政，处理朝中大事。

既然杀不了功臣，那就将可能取代刘盈皇位的威胁除掉吧。于是，差点被立为太子的刘如意，就成了吕后的谋杀对象。虽然善良的汉惠帝刘盈处处护着刘如意，但吕后还是借刘盈上厕所的机会把刘如意毒死了。

自己同父异母哥哥死去了，对刘盈这个善良软弱的孩子打击已经够大了，但杀死一个刘如意远远没有满足吕后的胃口。刘邦的儿子惠王刘肥来刘盈家做客，刘盈见对方比自己年长，就谦让地让刘肥坐了上座。不料让吕后看见，当时就给刘肥递了一碗毒酒。哪知傻乎乎的刘盈端起刘肥的酒就喝，吓得吕后立即打翻毒酒。刘肥见势不妙，就偷偷跑了。最后，刘肥还是贿赂了吕后的女儿鲁元公主，才把自己屁股坐错位置的罪过给赎了。

刘邦的儿子太多了，全杀了风险太大，吕后决定采用控制的方式，于是她开始借助娘家的势力了。她将吕家的女儿们一个个地嫁给刘邦的儿孙们。可惜的是，这些吕家丫头也像吕后一样，在婆家照样飞扬跋扈，逼死了梁王刘恢，饿死了赵王刘友。

吕后恶毒，可她的儿子汉惠帝刘盈却善良胆小。公元前188年，吕后唯一的儿子刘盈死了。

儿子死了，吕后的心却没有死，她似乎已经闻惯了血腥的味道，和不同的人斗争，维护自己的位置，夺取权力，成了她的习惯，她的下一步该怎么走呢？换句话说，她还得为哪些人夺取权力呢？死了老公和儿子的女人，接下来的依靠是自己的娘家人。吕氏娘家人，成了吕后生命后半生的唯一寄托。

话说这位刘盈即使不死，过着也郁闷，就连自己的老婆，也是老妈吕后给安排的。这张皇后还不是别人，就是吕后的外孙女，刘盈的外甥女。可刘盈不争气，当了七年皇帝，正处于青春年壮，硬是没见张皇后的肚子变大。

吕后能不急吗？她天天逼着张皇后。张皇后无奈，只得在肚子里塞点棉花，装个孕妇去糊弄差事。起初吕后不知道，后来也被戳穿了。但吕后还是让张皇后装了下去。十个月后，张皇后就在外面找了婴儿当作自己的孩子，为了防止婴儿的母亲泄密，就将其杀了。在吕后的默认下，这个孩子被立为了太子。刘盈死后，这个假冒的太子就继位当了皇帝。

这样一来，吕后也觉得不妥，因为，她自己也就此断后了。她算来算去，就数自己的娘家吕氏族人与她的血缘最近了。于是，她要加大吕氏集团在朝中的权力了。吕后的心思，谁能看得出呢？

陈平！对于当时的汉朝政局，陈平这样的阴谋家看得非常透彻。他虽然手握重兵，位居宰相，但他的生命时时刻刻都有可能被吕后夺取。也亏了他的周旋，他和那些功臣们一直处于不倒的地位。见吕后在儿

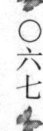

子死后干号无泪,陈平就断定,吕后这次要把他们这些功臣作为直接的谋杀对象了。

这如何是好呢?

陈平在假冒皇帝继位后,就上书摄政的吕太后,让吕后的侄子吕产、吕台当将军,掌握军权。吕后一听,十分高兴,觉得陈平是个懂事的人。但是,吕后的胃口大得很,一次上朝的时候,吕后就提出要封自己的侄子为诸侯王,当时的右丞相王陵心直口快,立即说,高祖刘邦曾杀白马立誓,不让外姓当王的。吕后顿时冷下了脸。倒是陈平见机行事,立即说,现在太后说了算,封外姓为王,有什么不可以的?

陈平果然会办事,于是吕后发话了,王陵别当右丞相了,让陈平当吧。王陵和陈平都是老战友,属于功臣行列。见陈平这样说,退朝后,王陵就骂陈平。陈平对他说,你看着吧,让汉室安定的,到底是你,还是我?

陈平这批功臣们果然没有熬多久,公元前180年,也就是汉惠帝去世八年后,吕后病了,那些功臣们更加紧密地团结在一起,只要他们忍耐过这最后阶段,就可以重见天日了。可不,没多久,吕后就在病中去世了。只是,在临死前,吕后留了一手,她让她的侄子吕禄掌管京城卫戍部队,侄子吕产掌管宫廷警卫部队,守卫着皇宫,连她的葬礼都不参加,以避免功臣夺权。毕竟,那些大臣手里拥有一道撒手锏,那就是刘邦不让异姓当王的誓言。

吕后死后,几乎没费什么事,吕氏的势力就被陈平、周勃这些功臣给荡平了。

陈平、周勃这些功臣掌握了朝政之后,找一个刘姓的皇子当皇帝是应该的。但是,让谁当,却是个大问题。最终,代王刘恒,这个一直默默无闻的刘邦儿子被拉上了皇帝的宝座。立他，只因为他太平凡了，从不过问政治，无派无系。这是朝中功臣和刘姓诸侯王们之间妥协的产物。

吕后去世的这年九月的晚上，汉文帝刘恒踏着月色，进入了皇宫，结果差点被宫廷卫士当成坏蛋抓起来了。直到周勃前来解释，刘恒才得以坐上了那个无数人梦寐以求的宝座。就在他熟悉皇宫生活的第一晚，陈平这些功臣们杀死了常山王刘朝、淮阳王刘武、梁王刘太三人，因为这些人都有可能威胁到刘恒的皇位。

但是，刘姓诸侯王遍布全国，权大人多，吕后杀不完，陈平这些功臣更是杀不完了。

相比于皇帝，这些诸侯王日子过得更为优哉，他们可以自己征税，任命官职，拥有军队，其实力实在不可小觑。在消灭吕氏集团势力的时候，齐王刘肥的儿子刘章就带领着军队四处厮杀。而刘邦任命的吴王刘濞更是给个皇帝都不换的好位子。他境内铜铁矿、海盐丰富，就凭着贩卖这些东西，他的钱就比朝廷的钱还要多。但唯一让这些诸侯王不爽的就是，不管你喜欢不喜欢当朝的皇帝，你都得遵守礼节，忠心于皇帝。即使皇帝杀了你的儿子，你也得忍着。

可不，吴王刘濞的儿子与文帝刘恒的儿子玩耍的时候，不小心被文帝的儿子给打死了，文帝连句道歉的话都没有，让刘濞伤透了心。可对方是皇帝，你刘濞钱再多，又奈何得了他。眼不见，心不烦，每次朝见文帝刘恒的时候，刘濞就故意装病，让使者代他去。刘濞认为，我惹不起你刘恒，我还躲不起吗？可刘濞还真躲不起。发现刘濞装病之后，文帝大怒，将刘濞的使者扣留了。刘濞也气得发疯，整顿一下军队，准备造文帝刘恒的反了。倒是刘恒先软下来了，批准刘濞可以

不来京朝见的特权，刘濞也就没有去打架，但刘濞与中央政权的梁子，就这样结下了。

刘恒是刘邦，也就是刘濞大伯父的儿子，刘濞他惹不起，但刘恒的儿子景帝继位之后，他就更加生气了。就是景帝这个人杀了他的儿子，让他断的后。杀子之仇，忍得他心里好痛，但更让刘濞生气的是，他和刘恒父子的过节，竟然有个不知天高地厚的外人掺和进来了。

此人就是晁错。他是景帝的御史大夫，和景帝关系一直不错。他明确地看到了诸侯王对中央政府权力的削弱，就不断劝说景帝削减这些诸侯王的权力。他说，仅仅吴王刘濞、齐王以及楚王的实力加起来，就比你景帝要强。特别是吴王刘濞，为人骄纵，一直和你父亲过不去，早就想造反了。

"造反？"景帝不由心中一惊，看来，他真的得采取措施了。于是，景帝开始削减诸侯王的封地，逐步缩减诸侯国的土地了。

吴王刘濞认为，景帝的削减诸侯国的措施就是冲着他来的，谁叫他是最大的诸侯国呢？儿子都让你景帝杀了，我的家财还得让你景帝给夺了吗？我刘濞如果不造反，就不是男子汉了。其实，三十年前，刘濞就准备造反了，他的财力无人能比，兵力虽比不上西汉政府，但在诸侯国中也是首屈一指的，于是，刘濞就偷偷地与胶西王刘卬等其他诸侯王联系。

"造反，那是不能的。"刘卬还是有头脑的，他接着说，"但是削减诸侯王的措施是晁错提出的，我们老刘家的事，为什么让他插手呢。这样吧，我们联合一些诸侯王的兵力，大家不造反，只攻击晁错，如何？"

刘濞恍然大悟，不得不佩服刘卬高明，他对："对对，不能提'造反'二字，景帝是我的侄子辈，他年轻，缺乏从政经验，不会当皇帝，让晁错给忽悠了。我们这些长辈出于爱护景帝这个晚辈的名义，当然要除掉晁错了。至于除掉晁错之后，该谁当皇帝，到时再商量。"

就这样，在汉景帝三年，即公元前154年，吴王刘濞、楚王刘戊、赵王刘遂、济南王刘辟光、淄川刘王贤、胶西王刘印、胶东王刘雄渠联合起来，打着"清君侧，杀晁错"的旗帜向汉景帝袭击而来。这时候，景帝吓得不知如何是好，只好杀掉晁错，希望七个诸侯国退兵，但那是不可能的。

好在名将周亚夫出手，带领大军将这次势力强大的造反行动给镇压下去了。景帝也松了一口气，至于晁错被杀，也就没人关心了。

晁错之后，又有一个大臣，他也让皇帝削减诸侯国，但他却换来了连升三级的待遇。

这个大臣叫作主父偃，他服侍的皇帝是汉景帝的儿子汉武帝。汉武帝时期，诸侯国与中央政府的矛盾依然存在。但很多大臣不敢贸然让皇帝削减诸侯国了，因为他们害怕再来个"清君侧"的造反，他们就成了牺牲品。倒是主父偃给汉武帝出了个绝妙的主意，一劳永逸地解决了诸侯与中央之间的矛盾。如果主父偃生在景帝时期，七个诸侯国造反这样的恶性事件完全可以避免。

主父偃的主意，是让汉武帝颁布推恩令。为了好懂，特将推恩令解释如下——

原先，中央政府不允许诸侯国分家，老子死了，只能由一个儿子继承，继续支撑着诸侯国庞大的家业。现在汉武帝说了，诸侯王的儿子可以分家，老子的恩情可以恩泽所有的儿子。对于这个措施，老子不反对，儿子也愿意。于是，一个诸侯国就变成了好多个小诸侯国。这些儿子们又生孙子，孙子又将小诸侯国变成了小小诸侯国。诸侯国

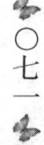

这么小，又怎么能与中央集权的政府抗衡了呢？

就这样，诸侯王再也没有给汉朝的皇帝惹下麻烦。但是，诸侯王作为国家的一大实力集团，对于牵制其他势力集团，有着极大的作用。譬如，吕后篡权后，就想尽办法控制刘邦的儿子，即诸侯王。最终，齐王刘章还是率兵杀掉了吕后立的伪皇帝。外戚，即类似吕氏集团这样的皇帝外婆家的人们，如果没有各个诸侯王的牵制，争夺皇权就显得更加方便了。从另外一个角度讲，诸侯王夺取皇位后，汉朝仍然姓刘，但外戚夺得皇位，汉朝就不姓刘了。汉朝还真改过一次姓，而且一改就是十五年。

王政君：最有权的女人被忽悠了

话说"推恩令"政策实施之后，诸侯王势力越来越小，对朝廷再也无力造成大的威胁了。汉武帝高兴之下，让该政策的策划者主父偃连升三级，这策划费付得不低。但是，如果当时的皇帝换作汉成帝，他一定会狠狠地扇主父偃的嘴巴子，然后大骂："为什么把我们兄弟诸侯王们的权力弄得那么小，我的那些兄弟，我一个都指靠不上了。"

可不，公元前33年，汉成帝刘骜继位，他的一切权力都被他的舅舅王凤给剥夺了。连他与他的兄弟定陶王刘康在他的宫殿里多待几天，都被王凤干涉。刘骜知道自己当不了家，只好让刘康回去。刘康呢，因为推恩令政策的实施，他的势力变得小了，根本无法跟皇帝的舅舅，当朝的大司马、大将军抗衡。

他母亲王政君对儿子说，朝廷的坏人太多，让你的舅舅们多帮帮你。刘骜不置可否地点了点头，他老妈的话能不听吗？

可"舅舅帮帮他"的后果是，他的大舅当上了大司马、大将军，既掌政权又控军权。他的五个舅舅都被封为侯。不仅如此，王政君还先后让她娘家出现了十个侯爷，五个司马，其他的王氏子弟也都当上了卿大夫。一句话，当时的朝廷，就没有王家办不成的事情，甚至皇帝的废立，也是王家说了算。王政君，无疑是汉朝，乃至中国历史上最有权的女人之一了。

年幼的孩子，最依靠的是谁？是他的妈妈。死了丈夫的女人，最依靠的人是谁？她娘家的兄弟姐妹。皇帝也是人，幼年皇帝登基后，面对那么多威胁他权位的因素，只有依赖他的母亲，也就是太后帮忙。太后，毕竟是个女人，她最信得过的是自己的娘家人，即外戚。

虎毒不食子，王政君对自己的儿子刘骜，应该没有恶意。只是她的做法，也太让人难以接受了。其实，太后王政君的做法和今天很多的家长十分相似，那就是试图包办孩子的一切，把孩子以后要走的路都安排好了。只是王政君包办的范围太广了而已，她连儿子如何当皇帝，如何治理天下这样的大事都给包办了。

对于父母包办的行为，孩子小的时候，不谙人事，大了以后当然会反抗了，汉成帝刘骜就反抗过。此事发生在王凤赶走定陶王刘康没多久。当时的京兆尹王章跟汉成帝刘骜说，你舅舅大权在握，干了很多坏事，对你不利啊。刘骜何尝不憎恨自己的舅舅王凤管自己太严了呢？他一听就来了兴趣，问道，怎样才能让自己不受他的管束呢？王章表示愿意找一个比王凤牛的人，代替王凤。刘骜一听，非常高兴，他决定行使一次皇帝的权力，把他的舅舅赶走。

可惜，他们的谈话还没结束，王凤就知道了这件事。结果呢，太后王政君狠狠地训斥了一顿刘骜，胆小的刘骜就不敢对舅舅怎么样了。

结果王凤依旧乐哉乐哉地当着大司马、大将军，为所欲为。而那个给皇帝出主意的王章，则被王凤抓起来害死了，连老婆都被流放了。

刘骜终于知道了，他是没有出头之日的，于是他也就得过且过，浑浑噩噩地，把大好的时光消耗在后宫里。著名的舞蹈家赵飞燕就在这个时候进入了刘骜的宫廷里。不仅如此，赵飞燕还给自己的表妹赵合德飞鸽传书：皇帝傻，钱厚，速来。赵飞燕、赵合德两人围绕在刘骜身边，他忙乎不过来，哪有时间处理朝政，只好让舅舅们去处理了。

刘骜沉溺于温柔乡，王凤管理国家，双方相安无事。

汉成帝刘骜的朝廷让外婆家的人（外戚）掌握了，是没错的。话说汉成帝外婆家的人不止一个，人多了，分配权力的时候，难免不公，这就会产生矛盾。

汉成帝刘骜的老妈王政君刚上台，封王的时候忘记了一个人，此人就是王政君的侄子王莽。王莽的老爸王曼是王政君的兄弟，只因封赏王侯的时候已经去世了，使王莽这一支没捞到丝毫的好处。

看到自己的叔伯们封王封侯，吃香的喝辣的，王莽能不羡慕吗？为了得到这一切，他不得不隐藏自己的性格，努力学习，并且处处都表现得谦虚、有礼貌。特别是对他的叔伯们，他极尽奉承之能事。就在他的叔叔王凤生病的那段时间，王莽玩命地照顾，甚至几个月没脱衣睡觉，守候在病床前。这样的孝心，连亲生儿子也做不到，王凤当然感动。在临死的时候，王凤给了王莽一个皇帝侍卫的官做。

王莽当了小官之后，显得更加谦虚了，见人就作揖，从不摆架子。公元前16年，王莽终于混到了一个侯爷的称号，他也和他叔伯一样了。但不同的是，他知道这称号来之不易，继续收心敛性，就连家中的资产，也都全部散给穷苦的人，自己一点不留。他儿子杀了个奴仆，王莽也毫不留情，让儿子自杀抵罪。

王莽为官的一举一动，他的姑妈王政君看在眼里，佩服在心里。被太后王政君这样的人看中，王莽走上权力顶峰的时间就不远了，王莽也就变得更加谦虚谨慎了，但论资排辈，还轮不到他。当时的大司马是王根，王凤的弟弟，王莽的叔叔。对王根，王莽哪敢有二心，尽心效忠就好。

王凤死后，他的弟弟王根总揽朝政，汉成帝刘骜这个傀儡皇帝依旧和赵飞燕、赵合德鬼混。这两个女人绝顶漂亮，那是没得说。可她们也有一大缺陷，那就是一直没有给汉成帝生下儿女。汉成帝虽不理朝政，但他得给刘汉皇室留个种啊。于是，他就不停找其他女人生孩子。这些女人倒也厉害，生了好几个，只是赵氏姐妹嫉妒心太强，成帝生一个孩子，她们就弄死一个。即使成帝求她们，她们都不干。

见生不成儿子，成帝只好去抱养孩子来弥补。倒是前文所述的定陶王刘康，受了王凤的气之后，回家没多久就死了。他比成帝好一点，就是他有儿子，名叫刘欣。刘欣的奶奶傅昭仪贿赂大司马王根，顺利地将刘欣过继给成帝。汉成帝刘骜本来就与定陶王刘康关系不错，对于过继来的儿子刘欣，他也很满意。刘欣也是刘家的血肉，皇室的血脉，刘骜觉得不错，对得起列祖列宗。

这事一了，刘骜感觉心情畅快，免不了和赵飞燕、赵合德享受鱼水之欢。汉成帝在无比的愉悦中，去天堂销魂了。当时是公元前7年。

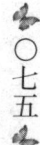

此时，王莽已经得到了他梦寐以求的大司马职位，在公元前8年，王根病重，让王莽代替行使大司马的权力。但王莽没有因此骄纵，而是更加简朴了。他从不敛财，连自己的老婆都穿麻布的衣服。可是，即使王莽如此简朴，他在大司马任上也没干太久。

成帝死后，他领养的儿子刘欣继位，是为汉哀帝。赵飞燕是刘欣的养母，王政君是刘欣的奶奶，她们分别当上了皇太后和太皇太后。但是，刘欣毕竟是养子，他最信任的还是他的亲妈和亲奶奶。于是，刘欣的亲奶奶傅昭仪、亲妈妈丁姬通过一系列的手段，也分别当上了皇太后与太皇太后。一时间，宫廷里出现了两个皇太后、两个太皇太后。这两派外戚之间不可避免地产生了矛盾。

在一次宫廷宴会上，两个太皇太后，两个皇太后都来了。王政君二话没说，坐在主位，傅昭仪也不甘示弱，一屁股坐在了王政君的身边。王莽也在场，他上前就把傅昭仪拽下来了。太皇太后傅昭仪哭着向哀帝刘欣告状，刘欣也不敢对王莽怎么样。倒是王莽的姑妈王政君给王莽传话说，别斗了，你先回避。无奈，王莽只好把刚刚当了一年的大司马职位交出来，主动辞职，回家待着去了。

接任王莽大司马的叫董贤，此人得势的故事，甚为好玩。

话说刘欣也是个草包皇帝，做的都是些荒唐事情，连喜欢女人，也不是一个个地喜欢，而是一喜欢就喜欢别人一家子人。一天，刘欣看见董贤长得不错，就开始喜欢上了他。同性恋爱，那是皇帝的自由。可刘欣呢，在喜欢上董贤之后，又喜欢上了董贤的老婆、妹妹，他们轮流服侍刘欣。有时还不过瘾，常常几个人一起陪着小皇上，在床上演出风流大戏。那刘欣喜欢董贤的程度，真是无法形容，刘欣甚至愿意把皇位让给董贤。董贤一家子鸡犬升天，自不待言。董贤成为大司马，也是意料之中的。

只是，在皇宫里，傅昭仪这个太皇太后与王政君这个太皇太后之间的矛盾更加尖锐了。好在王政君根基深，傅昭仪还不敢把王政君怎么样。王政君也就一直忍耐着，并且告诫赋闲在家的王莽，不能让别人抓住小辫子。

就这样，他们一忍就是六年。公元前1年，刚25岁的哀帝刘欣死了。他怎么死的，至今没人说得清楚。在哀帝刘欣死掉后，王政君没有去哭泣，而是一溜烟就跑到哀帝的宫殿，将皇帝的玉玺攥在手里。王政君拿到了玉玺，立即让她的侄子王莽来京城。就这样，他们王氏重新控制了政权。

太皇太后王政君一边主持哀帝的葬礼，一边让王莽处理朝中的大小事务。王莽上任后做的第一件事，就是将依靠同性恋上台的大司马董贤给废掉。董贤失去了哀帝刘欣这个后台，自知没什么好果子吃，乖乖地自杀了。

朝中没了大司马可不行，王政君就召集大臣们商量，让他们举荐有才能的人担任。这些大臣知道太皇太后的意思，纷纷举荐王莽。

汉哀帝刘欣和他的养父汉成帝刘骜一样，玩弄女人无数，却没有属于自己的孩子，于是王政君和王莽就找了个9岁的孩子当皇帝。这个孩子叫刘衎，史称汉平帝，他的老爸是中山孝王刘兴。

王莽担任大司马，果然不同于前任，将朝政处理得有声有色。更重要的是，王莽非常注意个人形象，经常参加各种"慈善活动"，将家财捐献给贫民。一旦某地发生天灾人祸，王莽立即撤掉肉食。

王莽的这些活动，得到了大家的认同。群臣都说，这王莽啊，有安国定汉的功劳，应该封他为安汉公。何为"公"呢？公位列在那些

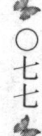

侯之上，王莽的叔叔王凤、王根也仅仅是侯。王莽当然不敢轻易接受，他再三推辞，而且说朝中还有这么多大臣都没有称号，他怎么能接受这么高的称号呢？他越推辞，群臣越举荐。最后，王莽为了躲避，竟然称病不来上朝了。可见王莽躲避荣誉，是多么真诚。而太皇太后则像赶鸭子一样，一定要把这些称号送给王莽。不得已，王莽接受了太傅（辅佐皇帝的官，掌握国家一切军政大权）和安汉公的职位和称号。

此时是公元前1年，也正是在这个时候，王莽的谦虚谨慎的作风有些改变了。

王莽开始了排除异己的行动，一代舞王赵飞燕本来是汉成帝的皇后，但这时，王莽一句话，赵飞燕变成了平头老百姓。能在盘子上跳舞的赵飞燕最终也只好自杀了。接下来，王莽开始收拾哀帝时期与他们王氏集团争权夺利那些人了。太皇太后傅昭仪本来就是定陶王刘康的妈妈，哪儿来回哪儿去吧，剥夺太皇太后称号，接着当定陶王母。哀帝刘欣的妈妈丁太后也被剥去了太后的称号。总之，哀帝时期与王政君集团作对的傅昭仪、董贤相关的达官显贵全部滚蛋了。

最后王莽又对他的姑妈太皇太后王政君说，你老了，要多休息，我帮你管着国家吧。

无奈之下，王政君只好放手把一切权力交给了王莽。此时，王莽一改过去温顺谦恭的做法，在"顺我者给官做，违逆我的就处死"的高压政策下，朝廷中已经没有反抗他的大臣了。王莽拥有了作为人臣最顶峰的权力。

王莽：皇帝可不是好当的

王莽靠欺骗获得了无数民心。但是，王莽没有想到，他一坐上龙椅，民心就不在他那一边了。倒是刘秀这个混沌的小王侯，收获了无数民心，把他从龙椅上踹了下去。

列位看官，如果有人送你一套房子，你怎么看他呢？反正我一辈子都会为他烧高香的。王莽，就是这样子收获无数民心的。

公元2年4月，华北地区发生旱灾和蝗灾，王莽得知后，立即带头为灾区捐献土地和钱财。不仅如此，对于在天灾中死难者家属，王莽也非常大方，给每个死者的家庭都发放了慰问金，标准是死一人发一千钱。一千钱在当时可以买一座普通的房子，如果按照今天的房地产价格，那一千钱起码得值几十万了。

从古代到汉朝，都是官府搜刮老百姓的，唯独王莽改变了这一做法，给老百姓送钱。可惜给老百姓送钱，也只能博得在老百姓心中的好名声，王莽需要把更多的精力放在宫廷内部。他的姑妈王政君已经老了，他不必担忧，但是，那个汉平帝倒长大了不少，已经进入青春期了。青春期的孩子最喜欢的是什么？是女孩子啊。王莽立即着手计划一件大的事情。

当然，不仅仅是为汉平帝找个小妞这么简单。

这日，上朝之际，王莽语重心长地说，大臣们啊，皇帝至今还没有册立皇后。为了国家和社稷，得找一个好女子来做国母，以便母仪天下嘛。于是，大臣们大张旗鼓地到处找好女孩。倒是王政君说，王莽爱侄，你的闺女不是和平帝刘衍年纪差不多嘛，干脆把你闺女许配给刘衍吧。

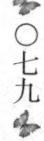

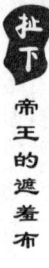

王莽连忙摆手说,"老王家已经有好多女孩子都来竞争了,我闺女,那就算了吧?"

王政君立即说:"我看就不错,我赞成。"

那些极善于拍马屁的大臣,于是一个奏折一个奏折上奏,王莽不得已,派了好多官员劝解,别上奏了,这个机会还是让给别人吧。大臣们不依不饶,继续上奏。最终,王莽只得非常"委屈"地将自己的女儿嫁给了汉平帝刘衎。青春期的刘衎,再也不寂寞了,有王莽的闺女陪着呢。

安汉公、太傅并皇帝的老丈人,王莽一人身兼数职,每一个职务都拥有控制天下的权力。可王莽并没有满足,还在不停地给自己的脸上贴金呢。他花大笔的钱在西羌族那里买了一大块地,然后大肆宣传,西羌族看到王莽如此伟大,都献土地来归附了。他还让大臣们给编写了三万首流行歌曲,每一曲都得歌颂他王莽。

好事的大臣们再给王莽戴上一顶帽子,把王莽比作有德的周公。周公在历史上,一直被看作道德的化身,他辅佐周王治理天下,没有篡位之野心,但在当时,周公是圣人,不是一般人能比的,就连刘邦那样的人,对周公也只有行礼的份。

对于这些荣誉,王莽当然是先假装不接受,等着群臣不停地"以死相谏",王莽才不得已接受。但是,王莽当周公没多久,那个汉平帝刘衎开始叛逆了,准备行使他皇帝的权力了。

皇帝毕竟是皇帝,王莽当周公的美梦破灭了。不过,对于刘衎这样的皇帝,王莽用一个小手指头就可以解决的。于是一杯毒酒,王莽就让刘衎上了西天。此时是公元5年的12月。

大过年的,王莽又开始在刘氏子孙中找蠢蛋来当皇帝了,又小又蠢的人，才是王莽最喜欢的。这招聘皇帝的条件，现在的猎头们估计从来没见过。可惜的是，刘氏子孙的后代年纪都大了，王莽找了好久，才找到了一个最小的，名字叫刘婴。刘婴当皇帝，王莽辅佐，这样的安排应该没错。可王莽此时已经不满足于辅佐了。他跑去逼迫他的姑妈，他的姑妈无奈，只好给王莽封了个"摄皇帝"的官。

摄皇帝，古今中外第一个，难不成是副皇帝？王莽当然也觉得别扭。就是副皇帝，他也得想办法扶正啊。

于是，先有山东的一个小县令做了个梦，梦见老天说话了，王莽这个副皇帝应该扶正；后有陕西的县令挖井，挖到了一块石头，上面写着：告诉天下人，王莽该当皇帝。不仅如此，老天爷还出版了一本书，名叫《皇帝金策书》，上面记载着，王莽才是真皇帝，连太皇太后，都得听王莽的。

王莽的权力大得完全可以做皇帝了，可当皇帝得有个玉玺啊，这玉玺被他姑妈太皇太后收着呢。王莽就带着这些收集的资料天天到他姑妈家里去。王政君这时候才醒悟了，无奈，王政君只好把玉玺拿出来，往王莽身上一砸，王莽双手去接，没接住，玉玺破损了一面。王莽倒不在意，修补了一下，就屁颠屁颠地跑去当皇帝了。这时是公元6年。

刘家的天下被王家的人给夺了，刘邦满天下的子孙能善罢甘休吗？

用汉朝的称号吧，王莽他不姓刘，不够格；不用汉朝的称号吧，满朝的都是汉朝的大臣，不得已，王莽喊自己的政权叫"新"朝。

圣人老子曾说，治理国家，就像煎小鱼一样，要小心翼翼地，不能乱动。好政策的标准是各个阶层都从政策中受益，达到共赢局面；坏政策呢？则是各个阶层都难以受益。王莽的政策就属于这种，几乎没有一个阶层受益，大家都被折腾够了。豪强地主能经得起折腾，可

没钱没地的老百姓折腾不起啊。于是起义也就爆发了。相比较别的起义军，这次起义军显得很正统，因为队伍里有很多刘氏子孙，他们要夺取本属于他们的江山。

王莽时代的起义军太多了，但最厉害的还是绿林军和赤眉军。绿林军起源于湖南西北部，起义的人没饭吃了，就躲到绿林子里造反了，所以叫绿林军。山东和苏北的起义军，没有林子可钻，就把自己的眉毛染红了，好吓唬别人，混口饭吃，所以叫赤眉军。

这些打家劫舍的起义军，因为一件事彻底改变了他们的性质，此事发生在公元22年。有个叫陈牧的绿林军领袖招兵买马，刘氏皇室的后代刘玄莫名其妙地参加了起义军。陈牧是个聪明人啊，他知道刘玄虽然没啥本事，但地位特殊，是刘邦的后代。于是，第二年，也就是公元23年，陈牧拥戴刘玄称帝，平庸的刘玄就这样当上了皇帝。而且，在当时的中国人心目中，刘玄虽然处于草莽之中，但比王莽这个皇帝正宗多了。就这样原来到处造反的绿林军都聚集到一起了，他们摇身一变，变成了汉朝的皇家军队，他们也有了新的任务，那就是名正言顺地把王莽赶下台去。

话说，有的人就因为抢先一步，而幸福一辈子。而有的人，就因为慢了一拍，与皇帝的宝座失之交臂了。这个可怜的人就是刘縯、刘秀两兄弟。

刘玄是公元22年7月莫名其妙地参加了绿林军，并且一下子就被定为皇帝的人选了。而刘秀呢，他是公元22年10月，和他的大哥刘縯开始的造反生涯。可惜，刘縯、刘秀晚了一步，那边已经开始册立刘玄了。等刘縯、刘秀的军队与绿林军会合的时候，刘玄已经是皇帝了。木已成舟，刘秀想后悔也来不及了。而且刘秀还不能反对刘玄，你刘秀是刘邦的后代，刘玄也是啊。倒是刘玄知道刘縯、刘秀两兄弟的能耐，让他们领兵为自己打仗。刘縯当的官够大，是大司徒，刘秀的官小了一点，是太常偏将军，相当于旅长。

话说王莽看到各地的起义军风起云涌，特别是刘氏子孙又称帝了，他又害怕又着急，于是发出了严重警告，起义军若不解散，新朝的大司徒王寻将率领百万大军来镇压了。刘秀看了警告，嘴角露出了点笑容，他在心里说，吓唬谁呢？我刘秀的兵力虽然少，但我有脑子，有勇力，对付你绰绰有余。没多久，也是公元23年，刘秀就实现了他的想法。

王寻和另外一位将领王邑带着百万大军真的来了，绿林军的驻地昆阳城（河南叶县）被王莽的军队包围得像铁桶一样。绿林军守将王凤上城头一看，发现情势不妙，自己才八九千人，不是一个级别的啊，实力太悬殊了。干脆投降吧，于是王凤派人打着白旗去投降了。

不战而屈人之兵，多好的事啊，可王寻不这么想。他根本就没把城里的八九千人放在眼里，于是放出话了，不接受投降，要把这帮人往死里整。王凤一听，也觉得窝囊，只得死守了，拼一条命算了。幸亏老天有眼，刘秀就在这支部队里。虽然他不是主将，可他觉得，战胜王莽的军队是大有可能的，关键要做到奇袭，打对方个措手不及。

刘秀真够猛的了，他带着十几个人骑着马，硬是冲出了百万大军的围困，去搬救兵了。王莽军队里有人报告了王寻。王寻根本不在乎，起义军加起来也没有多少人，都是些草莽之众，能挡得住百万正规军吗？

就在王寻不在乎的时候，刘秀突然出现在王寻的面前。王寻吓得

腿都软了，他可要仔细瞧瞧，刘秀究竟带了多少人，竟然冲进了他百万大军的司令部。一看，他傻眼了，刘秀搬来的救兵也只有三四千人。但是，刘秀此刻的刀架在他的脖子上，这才是最关键的。

主帅王寻死了，而且死在军队的阵前。这仗还怎么打？王莽军队吓得只能逃命了，起义军内外夹击，就像削萝卜一样，把王莽的百万大军消灭了，只剩下王邑带着几千人逃掉了。王莽的主力，也在此战役中被消耗光了。这就是著名的以少胜多的昆阳战役。

接下来，起义军一路势如破竹，把王莽军打得落花流水，自不待说。倒是刘縯、刘秀两兄弟在刘玄皇帝面前面临着危机，只因为他们太出色了，功高盖主啊。那些起义军领袖琢磨着，他们拥戴的刘玄是刘邦子孙，有当皇帝的资格。可刘縯、刘秀也有当皇帝的资格，而且本事很大。照这样发展下去，刘縯、刘秀完全可以取代刘玄。一朝皇帝一朝臣，到那时候他们这些将领的好处就保不住了。皇帝刘玄当然更害怕了，他刚坐热的皇帝龙椅可不能让刘縯、刘秀给夺了去啊。大家这么一忽悠，再加上刘玄脑子一热，趁着刘秀在外地，就把刘縯给杀了。

在外地出差的刘秀听到这个消息，能不气疯了吗？但是，他手中的兵力有限，对付不了刘玄他们。大丈夫能屈能伸，于是他改变了怒气冲冲的脸孔，换了一副微笑和蔼的面容回来了，径自来到了刘玄的宫里，找他"谢罪"去了。他并表示，刘縯是刘縯，他是他，他以后坚决与刘縯划清界限，不再与刘縯的家属有来往。刘玄看刘秀一脸真诚，就留下了刘秀的一条小命。

自己的亲哥哥被杀了，还能对仇家微笑的人，不是一般的人物啊。

很快，绿林军就一路向新朝首都长安推进，王莽的政权眼看就要灭亡了。此时，王莽要兵没兵，要将没将，不知如何是好。他手下有一个叫崔发的人比较聪明，他知道王莽自称周公，读过周公写的书。他就告诉王莽，周公书中写，国家出现大灾难的时候，要用哭声去除。王莽一听，仿佛捡到了一棵救命稻草。于是，王莽带着大臣，跪在地上，对着老天开始了哭泣。他向老天诉说，他不是篡位者，是光明正大获得皇位的。

公元23年，在哭声中，王莽政权的首都长安还是迎来了绿林军。这时候，王莽的周公大梦才正式破灭，他急忙将牢房里的囚犯释放，发给武器，企图依靠他们再抵挡一会儿。可是，拿到武器的犯人逃得更快了。在长安人民的帮助下，起义军一举将长安攻克，王莽夹着尾巴逃跑，可最终也没有跑掉，被群众给杀了，他的人头还被刘玄用来游街示众。

话说绿林军攻打长安的时候，刘玄等不及，就先在洛阳定都了。后来，他看长安这么快就攻下了，一个月后，又把都城从洛阳迁到了长安。刘玄再次恢复了汉朝的天下。可惜的是，刘玄朝中的人员素质太低了。于是各地又爆发了起义。

就在刘玄迁都长安的时候，把刘秀给放走了，还给了他一点点人马，让他去招抚河北各地。刘秀一到河北，就废除了王莽时代的苛捐杂税，释放囚犯，得到了很多人的拥护。而且，当时的河北有很多地方武装也被刘秀联合起来，刘秀在河北将自己的势力再次发展起来。这次，刘玄又不安了，于是他命令刘秀速回长安。

刘秀知道那是鸿门宴，干脆脱离刘玄的控制，一鼓作气，平定了很多地方，镇压和收编了大量的起义军。在公元25年，也就是刘玄迁都长安后的第三年，刘秀在河北也当了皇帝。刘秀称帝这一套，搞得比刘玄的正规多了。刘玄政权没维持几年，就土崩瓦解；而刘秀用了

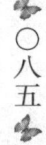

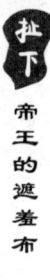

近十年的时间,使得天下太平了。刘秀时期,恢复了汉朝的兴盛局面,史称"光武中兴"。为了以示区别,后人将刘秀建立的汉朝称作东汉,之前的汉朝称为西汉。

外戚、宦官,这两大政治怪胎,在东汉的历史上轮番上演,就连结束东汉政权,挟天子以令诸侯的曹操,也是宦官的后代。

曹操:不当皇帝,胜过皇帝

刘秀当皇帝之后,什么事情都做得很好,单单忘记了一件事,就是这件事,让刘秀打下的江山名存实亡,他的子孙们基本处于傀儡状态,直到曹丕正式取代汉朝的统治。

刘秀的祖宗刘邦,临死前曾杀白马发誓,不封异姓王,不能让别姓人,譬如皇帝外婆家的人、皇帝老婆家人乃至皇帝身边的人获得大权。刘邦的这个做法是很有先见之明的,要不是吕后擅自废除了刘邦不封异姓王的做法,西汉的政权或许还会延续更长时间。

这刘秀是打败了篡了刘家江山的外戚王莽,重新夺得天下的。打天下时,他的军事谋略不逊色于刘邦;治理天下时,他的功绩能与汉武帝媲美;但关于东汉未来发展问题的考虑,刘秀就欠缺多了。或者说,刘秀就没有刘邦那样深思熟虑过。

皇帝外婆家的人——外戚,皇帝身边的人——太监,这两大势力集团,在刘秀死后,开始死灰复燃,争权夺利,将天下弄得乱七八糟。

皇帝外婆家的人又一次登上权力舞台是在公元88年,刘秀的孙子汉章帝刘炟去世了，他的四儿子刘肇当了皇帝，是为汉和帝。当时，刘肇才10岁，怎么能管理朝政呢，于是他妈妈窦太后帮着管理朝政了，女人办事不方便，窦太后就把自己的兄弟窦宪找来，帮着管理国家。呜呼哀哉，东汉的权力又一下子集中到外戚窦家人身上了。王莽死后才六十五年，类似于王政君、王莽的人物又出现了。

别说，这窦宪还真的有点像王莽，上任之后，大肆地巩固自己的权力，也准备向他外甥的龙椅发起冲刺呢。

舅舅窦宪干涉自己当皇帝，刘肇当然不满了。好在刘肇不是软弱无能之辈，他开始懂事了，青春期的叛逆又出现了。青春期的孩子连父母都不服，更何况对着他指手画脚的阿舅。

宫廷外面的事情，窦宪管着，刘肇管不了；但宫廷里面的人，刘肇可以利用啊。宫廷里都是些什么人呢？除了宦官就是宫女，宫女是一介女流，她们就想当皇帝的嫔妃，做不了大事。倒是宦官，或者说太监中有聪明能干的。刘肇就相中了一位，他叫郑众。刘肇利用他，在公元92年发动政变，将他的舅舅窦宪给解决了。刘肇很高兴，封赏了郑众，给了他一个王侯的职位。

可惜，这刘肇命短，只活到了27岁，在当了十三四年有实权的皇帝之后，就一命呜呼了。估计这刘肇还没有系统考虑过皇帝外婆家的人和身边的太监篡权的问题。他的儿子殇帝继位时才出生一百多天。殇帝的妈妈邓太后天天抱着小皇帝，她想不干预朝廷的政治都不行。可惜，这小皇帝几个月就死了，于是13岁的汉安帝继位。汉安帝的老妈阎太后联络太监，积极活动，邓太后一死，阎家的势力就抬头了。汉安帝死后，阎氏家族又立了傀儡皇帝刘懿，并因此掌握了大权。皇帝走马灯似地换，宫廷跟着瞎折腾，国家和老百姓也没有安稳的日子。

随后，以孙程为代表的太监势力和阎家势力又开始了斗争。结果太监们取胜，汉顺帝继位了。为了感谢太监，汉顺帝给予了太监们很多权力。没了男根的太监，也可以娶很多如花似玉的小姑娘，太监生不了儿子，但可以领养嘛。

看到太监这个职业的收入很高，地位很显贵，于是安徽亳州的一个叫曹腾的人也加入进来了。被阉割后，这个人就顺利成为汉顺帝时的太监，并一直生活在宫廷中，冷眼观看着不同人等围绕着皇帝这个龙椅而展开的斗争。

在汉质帝临死的时候，关于让谁继承皇位的问题，各派势力展开了斗争。这个时候，已经是高级太监的曹腾站出来了，他站在外戚梁衡这边，支持梁衡的傀儡刘志，结果刘志当了皇帝，是为汉桓帝。曹腾也因此分享了胜利的果实，享受荣华富贵三十年，不仅娶了老婆，还从家乡领养了一个孩子做儿子，这个孩子叫曹嵩，他就是曹操的老爸。

皇帝外婆家的人和皇帝身边的太监老是这样争，何时是个头呢？结束这个争斗的时间在公元189年。

当时的宫廷，由大太监张让掌握。他把汉灵帝服侍得舒舒服服，汉灵帝像个孩子一样，事事都依赖张让，竟然喊他爸爸。可惜的是，汉灵帝在公元189年去世了。以张让为首的十名太监，被人称为"十常侍"，此时日子不太好过了。经过一番权力争夺，新皇帝是刘辩，他比较懦弱，但他的后台很硬，是何太后和她的哥哥何进。何进是当朝的大将军，手里有兵权，鉴于张让等人的劣迹，何进准备杀掉这些人。但张让的儿媳妇是何太后的妹妹，于是张让跑到何太后那儿一哭，何太后就护住了他们，为此何进很是恼火。

就在何进犹豫不决的时候，张让他们把何进骗到宫中，大门一关，几个太监就把何进的头给砍掉了，这叫先下手为强。这时候，大家所熟悉的袁绍、袁术就在外面，他们当时还是何进的小部下。见何进的头被扔了出来，袁绍、袁术等二话没说，带着部队就冲进宫殿了。那些小太监哪是军人的对手，况且这些军人早就看这些人不顺眼了，于是一顿乱砍，几乎把太监们杀光了。至此，在东汉权力场上蹦来蹦去的太监们就彻底消失在政治舞台上了。

不过，在这次厮杀中，大太监张让等人还是顺利逃脱了，并且他还带着小皇帝刘辩和他的同父异母的弟弟刘协。

可张让偏偏不走运，碰到了董卓。此人是西北凉州地区的将领，可以说是军阀，和当地的少数民族混在一起，比较蛮横，他的军队的战斗力那是相当强。自古以来，中国西北地区部队的战斗力都是无与伦比的。董卓的部队也不例外。

这董卓是被杀的那个大将军何进请来的，接到何进的信后，董卓立即带兵往洛阳赶。在路上，他就碰到了一群太监带着两个孩子在逃跑。董卓定睛一看，估计那俩孩子中一个就是皇上。十来岁的刘协见到董卓，一点不害怕，大声说："你是造反的，还是救皇帝的？"

董卓回答："当然是救皇帝了。"

刘协于是拉出了刘辩说："这就是当今皇帝，还不下跪！"

董卓这个大老爷们被这十来岁的小孩子说得无地自容，赶快下跪。董卓来自西北，在那里，谁狠，谁就当王，他不由得佩服刘协的胆识来了。他再看看刘辩，虽然是皇帝，可见了军队吓得哆哆嗦嗦，成何体统？

董卓赶快将这两个孩子送回宫殿去了。

有部队，就有话语权，董卓慢慢地就控制了朝廷，将何进的私人部队都收归己有，这样在都城，再也没有人敢对董卓说不了。董卓的那些凉州兵折腾够了，又见了都城的漂亮姑娘和人们家中成堆的金银，于是就眼馋了。董卓一放纵，士兵们就天天找花姑娘，抢银子了，整个都城都让这些人高马大的凉州兵搅和得鸡飞狗吠。弄到最后，甚至连汉灵帝刚葬下没多久的坟墓，也被凉州兵撬开了，汉灵帝陪葬的宝贝也都被抢了。

董卓本人呢，也没闲着，将何太后等一干人等全杀了。可忙完这一切，董卓又闲得没劲了，就想到他刚进都城的那一幕，那个刘协，小小年纪，就不畏惧大兵，是真英雄。可当今的小皇帝刘辩，在董卓眼里，整个一窝囊废。董卓觉得，应该让刘协当皇帝。说干就干，他把朝中人聚集在一起，说了自己的想法，大家当然不同意了。他非常生气，就让他的干儿子吕布拿着戟守在门口，看大家同意不同意。

在吕布的威胁下，大臣们只好同意让刘协当皇帝了，于是刘协正式成为汉献帝。这汉献帝刘协窝囊一辈子，被一个个人利用。这样的皇帝，不当也罢。可不，刘协刚登上皇位，就意味着要当董卓的傀儡了。

明里，大臣们不敢反对，但暗地里，这些大臣都在商量，怎么对付董卓呢。原来大家都依靠袁绍、袁术两兄弟，想在董卓立足未稳的时候，乘机打败他。可这两兄弟胆小，不敢打，自己倒吓得跑掉了。现在，大臣们该依靠谁呢？这时候，曹操站出来了。他的爷爷是曹腾，是个太监，前面已述，他的老爸叫曹嵩，曾经做过太尉这样的官，他也算将门之后了。

他将家产都拿出来，招兵买马，集合了一千五百名士兵，一个团的兵力，准备讨伐董卓。仅凭借曹操招来的这一千多人马，怎么打得败董卓的军团呢。曹操自有办法，他发布了一个倡议书，号召大家都来讨伐董卓。甭说，就在当年（公元190年），东汉各地的行政长官们，共计十八路诸侯纷纷响应,大家组织起了讨伐董卓的盟军,先于曹操脱离董卓的袁绍担任盟军总司令,曹操担任副总司令。

为什么袁绍能担任盟军总司令呢?这是因为袁绍的家族太显赫了,他家是四世三公,换句话说,他家一连三代人都是朝廷的一品大官。袁绍不当盟军总司令,没人敢当啊。曹操虽然也是贵族出身,论实力当个副总司令也不赖了。倒是刘备、关羽他们,参加讨伐董卓的大军时,只能跟着公孙瓒后面混,不说也罢。

在都城洛阳享福的董卓见大家都来讨伐他,有点急了。但很快,他就做出了一个惊世骇俗的决定,他让汉献帝刘协去长安,把那定为都城。至于洛阳,被董卓和西凉军已经洗劫得差不多了,留着何用,一把火烧了算了。就这样,董卓的一把大火,把洛阳给烧得一干二净。董卓本人呢,就在洛阳附近和袁绍率领的大军周旋。

话说袁绍手下的各路人马,接到倡议书,也只是摆摆样子而已,真要打,就没人愿意出头了。谁都想保留自己的实力,大军都聚集在洛阳城外发呆。但是,大军的前锋——孙权的爸爸孙坚倒是卖力地打了一仗。只是他正和董卓手下的华雄打得激烈的时候,负责押送粮草的袁术出了个损招,就是不送粮草过去,看你孙坚怎么打?孙坚被华雄打败而回。曹操见这帮人靠不住,就自己带着部队单独行动。可怜啊,在河南荥阳,曹操的军队就钻入了董卓大将徐荣布置的埋伏圈中。刚一交战,曹操的人马就败了下来。

回到盟军的驻地酸枣,曹操也无话可说了。大家把剩下的军粮吃掉,董卓也离开了洛阳,大军到废墟上转悠了一下,就散伙了。

十八路诸侯的大军,竟然没有怎么伤及董卓的皮毛,虽然和诸侯们心不齐有关,但也足见董卓这个人实力是很雄厚的。

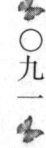

话说就在曹操组织讨伐董卓大军失败的两年后，也就是公元192年，董卓竟然被内部人杀死了。杀他的人，就是他的干儿子吕布。事情是这样的，董卓军中主管行政的官员王允，藏着一个美女，叫貂蝉。王允虽然没有兵力，但他会观察，知道董卓、吕布之流，只是一介武夫，是难以熬过美女关的。王允先把貂蝉许配给吕布，吕布高兴极了。然后，王允又立即把貂蝉送到董卓的床上，却对吕布说，是董卓抢了貂蝉。貂蝉呢，也偷偷地与吕布约会。于是，一个女人引发的血案爆发了。吕布将自己的义父董卓给宰了。

董卓被杀了，他的手下可不甘心，王允被董卓的手下李傕、郭汜杀掉了，吕布也开始了逃命的生涯。此时的汉献帝呢，依旧当着傀儡，被迫任命小小的校尉贾诩为尚书。李傕、郭汜和贾诩三人过足了当官的瘾，想要多大的官，就叫汉献帝封多大官。李傕、郭汜是西凉兵痞，根本不在乎什么皇帝，不开心，就想一刀结果了汉献帝，好在汉献帝封的尚书贾诩及时出手，每次都救汉献帝一命。

但西凉兵痞毕竟是西凉兵痞，没多久，李傕和郭汜竟然各率领一队人马互相打了起来。李傕一把火把汉献帝的宫廷烧掉了，汉献帝只得跟着部队住在军营里。后来，郭汜又把汉献帝给抢了过去。汉献帝，就像篮球，被抢来抢去的。最终，汉献帝瞅了一个空儿，带着他的朝臣和一些卫兵连夜溜了。

公元197年的7月，经过了大半年的逃跑，汉献帝终于回到了都城洛阳。只是洛阳在董卓的大火之下，早就变成了一堆瓦砾。别说龙椅，汉献帝仅有的一件龙袍都穿了几个月，破了也没换的。此时的汉献帝暂时住在别人的家里，他号召大家"自力更生"，大臣们便亲自砌砖修宫殿，一起找野菜烧饭吃。

坐在瓦砾堆上，汉献帝在算日子，因为有一个人一定在向洛阳赶了。

这个人就是曹操，曹操知道"挟天子以令诸侯"的奇效。他看中了"汉献帝"这个招牌。其实，袁绍也看到了这个招牌的巨大作用，但袁绍来迟了一步。曹操把汉献帝迎接到许昌，汉献帝重新做了傀儡。只不过，汉献帝的这种做法，却也显得很高明。当时的天下，袁绍的实力最强，曹操略显得弱。汉献帝投靠了曹操，无疑增强了曹操的实力，使得曹操能与袁绍抗衡，两人争斗，天下不能统一。天下不统一，谁也不敢把名义上的皇帝怎么样。一旦天下统一，统一者就急着当皇帝，汉献帝也离死期不远了。

曹操当了汉朝的丞相，一人之下，万人之上，他"挟天子以令诸侯"，叫别人干啥，别人就得干啥，给别人封个官，别人高兴得不得了。曹操借汉献帝的名义，给那些小诸侯发个文，那些小诸侯都乖乖送人质到都城许昌来，以表示愿意效忠朝廷。

曹操出去打仗，也是挂着汉朝的旗帜，打别人都是一律称呼为"镇压叛乱"，在士气上就比别人高一大截。就这样，曹操统一了北方，并且不时地给南方孙权、刘备发个命令什么的，折腾折腾这些人。

不仅如此，曹操招收人才，也方便多了。他打着汉献帝的名号，很多有才能的人，投降也好，投奔也好，都是心甘情愿地归顺了他。张辽、张郃、臧霸、徐晃、贾诩等人物就是这样进入了曹操的营帐。

曹操后来当了魏王，有自己的封地，此时的曹操不是皇帝，却胜似皇帝。汉献帝呢？仅仅是一个负责在曹操的命令上盖上自己大印的人。曹操能忍受只当魏王，但他的儿子未必能忍受，曹丕一上台，就玩出了禅让的花招。

曹丕：禅让原是这么回事

公元220年，曹操带兵回到洛阳，在那里升天驾仙鹤西去了。他的儿子曹丕继承了他魏王和宰相的职位。这曹丕可不像他父亲，能够一直忍受着不当皇帝。

于是曹丕的手下人开始了舆论宣传，种种祥瑞顿时也就出现在了宫廷内外。这次，老天又发指示了：这皇帝应该有才能有道德的人来做，汉家的气数尽了。那汉献帝该怎么办呢？禅让啊，像尧、舜、禹那样，将皇位让给有道德的人。当时的汉朝天下，谁最有道德呢？掌握天下的曹丕最有道德，虽然这厮哄骗了曹操把他最有力的竞争对手曹植给打败了。

只是汉献帝不怎么配合，曹丕派来的华歆死缠烂打，汉献帝才下了一个诏书，让人送给曹丕。曹丕接到诏书之后，心中大喜。但是，曹丕明白此事不可一下子就答应。这可苦了曹丕的臣子了，他们一边装模作样地请求曹丕当皇帝，一边还要逼迫汉献帝将玉玺交出来。

汉献帝也不是一般的人啊，他的老婆就是曹节，是曹操的女儿。汉献帝算起来，也是曹操的女婿。这些大臣威逼久了，汉献帝没有办法，曹节就站了出来，和她哥哥对着干。因为她哥哥也太无耻了，竟然抢她丈夫的皇位。结果，曹节将玉玺摔坏了。曹丕也不在意，将玉玺修修，接着用。

就这样，当年十月，汉献帝宣布，效仿古代的尧、舜、禹，将皇位禅让给曹丕。当时，朝廷中大小官员四百人观看了这次表演，大家对于禅让的内幕都心知肚明了。

曹丕表演完了，回到家里，只说了一句话，那就是——禅让究竟是怎么回事，我今天终于知道了。

曹丕终于当了皇帝，他封自己的曾祖父太监曹腾为高皇帝，让太监这个职业也享受一次当皇帝的待遇，曹丕还让他父亲当了魏武帝。

只可惜，曹丕只当了六年皇帝，就早早死了。

曹家的克星，已经在曹操和曹丕两代中酝酿出来了。此克星，就是司马懿，他游走于曹操、曹丕、曹叡、曹芳四代人之间，曹家四代人都对他信任有加，着实不易。这个人和诸葛亮有得一比。只不过，诸葛亮出山的时候，他还在给曹操喂马呢。

司马懿 VS 诸葛亮

有一个人，曹操临终前，握着他的手，说，我儿子曹丕就靠你辅佐了。

曹丕临终前，握着他的手，说，我儿子曹叡就靠你辅佐了。

曹叡临终前，握着他的手，说，我儿子曹芳就靠你辅佐了。

这个人就是司马懿。

话说诸葛亮出山摆的架子很大，弄得刘备三次跑到茅草房子里去请。司马懿呢，他也不愿意当曹操手下的大臣。但是，曹操硬是强迫他来。没办法，他收拾收拾行李，就去了曹操的军营了。可曹操的军营能人太多，司马懿资历不够，哪有出头之日，这恐怕也是诸葛亮不去曹操那儿应聘的原因。司马懿倒能屈能伸，没事做，就给曹操喂喂马吧，闲着也是闲着。

诸葛亮呼风唤雨的时候，司马懿正在马厩里喂马呢。但这并不妨

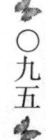

碍他发挥才能，是金子总要闪光的，尽管暂时埋在了土里。他不时地在曹操耳边提点建议。

关羽进攻的时候，司马懿说胡修、傅方这两员大将不可靠，后来他们果然投靠了关羽，关羽顺利攻下樊城，弄得曹操老窝许昌危在旦夕。曹操吓得准备迁都，司马懿又给了个建议，让汉献帝下个诏书，命孙权打关羽，曹操死马当活马医，可不，孙权攻打关羽，关羽败走麦城了。这个建议可不简单，不但解救了许昌的曹军，也让反曹同盟的刘备和孙权反目为仇了，而关羽被擒杀，也与这个建议有关。

其实，早在刘备准备迁到四川去的时候，曹操的兵将刚好在汉中。司马懿劝曹操趁刘备立足未稳，一举将其歼灭。曹操没听，要不然，三足鼎立的局面就不存在了。

曹操老了，才知道司马懿这人不简单，就嘱托他以后帮帮曹丕。司马懿与曹丕的关系比较铁，就一口答应了。于是，曹操闭上了双眼，放心地去了。司马懿主持曹操的葬礼，办得非常隆重。也就是在曹操死后，司马懿出头的日子才来临了。

孙权攻打完关羽之后，其兵锋指向了曹魏的势力。曹丕吓得赶快命令樊城、襄阳的士兵往回撤，一把火把樊城、襄阳给烧掉了，不给孙权半点便宜。司马懿则劝说，别烧，孙权不敢来。孙权后来真没去樊城、襄阳，曹丕悔得肠子都青了。于是曹丕认为，看来，司马懿得重用啊。在曹丕手下，司马懿先是做第二把手，后来又升为第一把手。曹丕出去打仗，放心地把家里的人交给司马懿，司马懿则管理得有条有序。

在曹魏朝中，司马懿未必完全掌握政权，尚有曹真压在他的头上。可司马懿能熬，曹真在魏国与蜀国的对决中，还是病逝了。魏国的兵权就落到了司马懿的手里了。在这样的情况下，司马懿又和诸葛亮进行了最后一次对决，时间是公元234年。

当时的司马懿带着优势兵力，与前来讨伐的诸葛亮相遇于渭水。有人对司马懿说，诸葛亮刚来，士兵累得很，我们主动出击，将他们赶出去。司马懿则微微一笑，他要和诸葛亮熬，看诸葛亮能否熬得过他。司马懿将部队主力集中在一个叫石原的地方，阻挡住诸葛亮部队前进的方向。但是，司马懿从不主动出战。

这可急坏了诸葛亮，他把部队集中在五丈原，进可攻，退可守。但他的粮草不多，必须与司马懿决战，一决胜负。可司马懿躲在乌龟壳里，就是不出来。

熬啊，熬，诸葛亮耐不住了，又急又累，在五丈原死了。倒是司马懿，优哉游哉地，往后的好日子长着呢。诸葛亮，甚至曹家这几个皇帝，只是他司马家族的一粒粒棋子罢了。

此后，魏明帝曹叡去世了，他又委托司马懿照顾魏国的下一任继承者曹芳。只是这个曹芳并不是曹叡的亲骨肉，是过继来的一个孩子。曹芳刚当上皇帝，司马懿就遇到了一个对手，此人是大将军曹爽。司马懿打完了外面的战争，又得开始宫廷里的争斗了。

久经风雨的司马懿，怎么会怕曹爽呢？曹爽将自己的兵权夺了，没事，司马懿干脆装病，不去办公了。曹爽不信，派人去看，司马懿果然病恹恹的，快不行了。曹爽做事就更肆无忌惮了。公元249年，曹爽陪着皇帝曹芳去扫墓，司马懿带着自己的儿子发动了一场宫廷政变，曹爽彻底死翘翘了。

倒是曹芳，怪可怜的，再次成了傀儡皇帝。司马懿就像曹操一样；而曹芳呢，整个一个汉献帝，没权没势。司马懿没称皇帝，他的儿子也没当皇帝。但是，公元266年，他的孙子司马炎还是当了皇帝，建

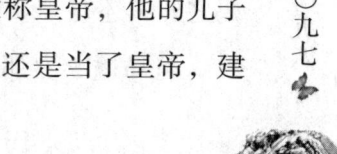

立了西晋。

但遗憾的是，司马懿后代建立的西晋虽然统一了中国，但那是短暂的。丑女多怪，司马懿的重孙媳妇贾南风将西晋仅有的一点家底给折腾光了，西晋陷入"八王之乱"，匈奴人刘裕趁机夺得了司马家族的江山。

西晋的终结者：贾南风

话说司马炎建立了晋朝，天下太平，人民安居乐业，司马家族成员都获得了额外的封赏，个个喜气洋洋。可是，面对一派繁荣的景象，晋武帝司马炎的眉角却多出了一丝皱纹。这皱纹因何而来呢？

原来，司马家族的血统一直很好，出的大多是才子佳人，个个顶呱呱。到了司马炎这一代，不知道是什么原因，竟然生出了一个傻儿子，名叫司马衷。虽然司马炎不止这一个儿子，但是，傻子司马衷是长子。偏偏那个时代，非常讲究规矩，谁都不能乱了规矩的，包括皇帝。"立长不立贤"就是当时皇帝选定继承人的规矩。立一个傻子当皇帝，不免有点贻笑大方，但可确保天下稳固，大家想造反，也没理由。如果不让长子司马衷当皇帝，说不定天下立刻就会大乱，西晋的江山就会不稳固。

要不要立司马衷当太子呢？司马炎一直犹豫不决。

倒是傻子司马衷的命好，他是长子，本就占尽了天时地利。另外，他的老妈叫杨艳，那是司马炎最宠爱的女人。司马衷除了有一个好老妈之外，还有一个倍棒的儿子，叫司马遹。

司马遹5岁那年，皇宫失火，司马炎抱着孙子到高楼去观望。小小的司马遹却悄悄地拉着司马炎下楼。他说，现在夜幕降临了，又出了这档子事情，爷爷您可要做好防备啊，不要暴露在光明处，防止被人暗杀。司马炎听后，心里一阵感动，一阵佩服，感动的是他的孙子竟然如此关心自己，佩服的是5岁的孩子竟然能考虑这么周到，真是难得。司马遹有他祖爷爷司马懿的遗风啊。

如此这般，司马炎决定了，让司马衷当太子吧，只有司马衷当皇帝，他的聪明孙子——司马遹，才可以顺利继位。

这叫"隔代指定"。这就是说：儿子不行，孙子行，只要儿子不丢江山，孙子自可确保司马家族繁荣昌盛。另外，司马衷的老妈杨艳、舅舅杨俊在朝中势力很大，辅佐司马衷这个傻子足够的。倒是眼下，得赶快给司马衷找一个正式的媳妇了。

列位看官要说了，司马衷没媳妇，怎么生了儿子呢。其实，司马遹应该算是司马衷的私生子。话说司马炎见司马衷成人了，却那么傻，害怕司马衷不懂男女之事，特意派了一个宫女谢玖去亲身传授。不料，司马衷几下子折腾，就让谢玖怀孕了。十月怀胎，谢玖生下了司马遹。抱孙子了，司马炎能不高兴吗，于是谢玖顺利地晋升为妃子。但是，谢玖是不能成为司马衷的大老婆的，在那个讲究门阀出身的时代，她的资历远远不够。

此时，该贾南风粉墨登场了。贾南风是贾逵的孙女，贾充的女儿，贾氏一门全是八面玲珑的人物，只干坏事不干好事。

贾逵本来是汉王朝的谏议大夫，是专门负责挑皇帝毛病的，身份不可谓不高，唐朝的魏征当的就是这样的官。但是，当曹丕势力大起来的时候，贾逵立刻将自己的主子汉献帝逼迫退位，他一下子成了曹丕篡位的三大"功臣"之一。早在曹操时期，贾逵就在曹植和曹丕之

间蹦来蹦去，谁得势，就依靠谁，最终，他还当着曹丕的面，将自己原先依靠的曹植给出卖了。

作为贾逵的儿子，贾充有过之而无不及，他继承父亲的爵位后，又投靠到了司马懿的门下，充当打手。他不仅帮助司马家族"倒"掉了两个曹魏皇帝，还直接出面"干掉"了一个曹魏皇帝曹髦。话说贾充杀曹髦的时候，拿着剑曾大骂："曹氏天下本是抢大汉刘家的，司马家族为汉报仇又有何不可？"殊不知，汉家的江山就是被他的老爸贾逵逼迫，才得以改姓曹魏的。

龙生龙，凤生凤，老鼠的儿子会打洞。这句话一直被人批判，但是，作为贾家的第三代人，贾南风的行为正好验证上述言论，她不仅丑，更会玩弄权术，甚至比她的爷爷和爸爸更牛！

皇帝要找儿媳妇的消息传来之后，贾充就开始行动了。他走太监荀勖的后门，金钱、美女送了一大批，荀勖心动了，在晋武帝司马炎面前说好话，把又矮又胖的贾南风吹成了貂蝉再世。贾充的老婆郭槐又与司马炎的老婆、司马衷的老妈杨艳接触，大肆贿赂，让杨艳芳心大悦。杨艳也给司马炎吹枕头风。司马炎本来就是个优柔寡断的人，几次之后，也就接受了贾南风这个丑儿媳。

当然，司马炎之所以接受与贾充联姻，也有其政治上的考虑。贾充不仅帮他父亲司马昭逼走了曹魏家族，也是他建立晋朝的第一功臣，在朝中的势力不可小觑。傻瓜司马衷如果有这样的实力做后盾，他的皇位也就稳固多了。

于是，公元272年，丑陋的姑娘贾南风当上了司马衷的第一老婆——

太子妃。

公元290年,晋武帝司马炎去世了,傻子司马衷继位当上了皇帝,夫贵妻荣,贾南风也顺利当上了皇后。只是,当时朝廷中的大权掌握在杨俊一伙人手里。

这杨俊不是别人,正是司马衷老妈杨艳的堂叔。杨艳没有活到儿子司马衷当皇帝那天,就去世了,但杨艳在临死前,为了肥水不流外人田,让自己的堂妹杨芷接了自己的班,当皇后。作为皇帝,就必须借一方面的势力牵制另一方面的势力。司马炎在临死的时候,发觉杨俊独占朝廷大权,就命令自己的本家汝南王司马亮来朝廷,甚至让司马亮和杨俊一起辅佐司马衷,借以分化杨俊在朝中的权力。只是,这些命令被杨俊扣下了,司马炎在一声叹息声中,告别了人世。

令司马炎欣慰的是,他的丑儿媳妇贾南风的策略和他不谋而合。贾南风利用手里的王牌——她傻老公的皇帝玉玺,写了一个秘密文件,发给了司马亮,让他快带兵来都城杀杨俊。只是司马亮胆小,害怕杨俊,不敢来。幸亏楚王司马玮看见了这个绝密文件,带着部队就把都城洛阳给围住了。

城外有兵丁,城内也有禁军。此时,杨俊和贾南风都处在千钧一发的时刻,但贾南风够有胆识,一声令下,将杨俊以"谋反"罪名给抓了起来,对于剩下的杨俊同党,则采取各个击破的方法,迅速地解决了。

此时是公元291年2月,距离丑陋的贾南风当上皇后还不到一年。但就在这个时候,贾南风顺利地将大权给夺了回来。她安排贾家的人掌握了军队大权,以便接着排除异己。

贾南风这次政变的成功,主要得益于司马家族还有很多掌握军队

的王侯，这些人是不允许政权改姓的，这也是司马炎政权不同于曹魏政权的一个特色。但是，司马家族这些有兵权的王侯，对任何一个皇帝的统治，都是一个威胁。贾南风接下来，就开始解决这个问题了。

话说司马玮帮助贾南风除掉了杨俊这个死敌之后，坐在贾南风门口，正等着封赏呢，他心里美滋滋的，还在嘲笑那个胆小的司马亮。可是，他正在做美梦的时候，才发现司马亮和贾南风并排走了出来。贾南风说了，司马亮，这朝廷以后就靠你辅佐了，你要啥官，我就给啥官。司马亮能不高兴吗？瞥了司马玮一眼，连蹦带跳地走了。司马玮一肚子火，眼巴巴地看着贾南风，心说，我呢？给我什么官啊？贾南风两手一摆，那意思就是，好处啊，让司马亮先下手为强，全占了，你们啊，哪儿凉快哪儿去吧。

这司马玮本来就属于张飞一类的人，哪里受得了这个屈辱？他心里不恨贾南风，因为那代表了皇帝，是不能恨的。他恨极了司马亮，这个人打仗的时候，吓得不敢出兵，邀功的时候，跑得比谁都快，自己的功劳全让他给抢去了，于是他发誓不把司马亮扳倒，誓不为人。

司马玮气冲冲地走了。望着司马玮的身影，贾南风露出了狡黠的微笑。

果然，不出三个月，司马亮还没有适应高官厚禄的滋味呢，司马玮就搜集了大量关于他谋反的材料。这些材料摆到了傻子皇帝司马衷的桌子上了，傻子皇帝当然不会处理，贾南风拿着皇帝的御笔，写了一行字，盖上大印，就发出去了。

这一行字写的是什么呢？就是——司马亮谋反，命司马玮罢免他的官职。有了这个尚方宝剑，司马玮急忙带兵冲进了司马亮的府邸，他报仇的时刻到了，手起刀落，司马亮的头就滚了下来。那些司马亮的同党和部下，自然也跟着做了鬼魂。

此时是291年的6月，也就是贾南风干掉杨俊的三个月后。

贾南风两次斗争的手法都是那么类似，就是挑起两大强悍势力的矛盾，借一方势力，灭掉另一方势力。每一方势力，都是她的棋子。可不，楚王司马玮就两次充当了她的打手。这之后，司马玮的价值没了，也该滚蛋了。

司马玮将当时处于朝中重臣位置的司马亮这一撮人给宰了，罪行不小啊。也许您要问了，那不是贾南风授权的吗？请注意贾南风的命令，只是让司马玮去罢这些人的官的，而且是以晋惠帝司马衷的名义发的。作为皇帝，无理由地罢免一个人的官职，那是很正常的。但是，作为下级，无理由地杀死一个上级官员，而这个上级官员还是朝廷最大的官，其罪名就不小了。

司马玮被公审判决了死刑，立即执行了。

贾南风，她没有儿子，就对司马衷前妻的儿子司马遹产生了憎恨之情。贾南风也许是杀人杀红了眼，竟然将屠刀伸向了司马遹。

司马遹小时候的聪明，那是出了名的，前文已述，不再重复。只是，这司马遹长大后，似乎也变古怪了，虽然贵为太子，可除了太子应该干的事不会做之外，什么事情都会做。譬如，做小买卖，司马遹就比较在行。在皇宫的西园，司马遹就开了一个农贸市场，油盐柴米酱醋茶，这农贸市场都卖。你要是买肉啊，找皇太子司马遹，准没错。你要几斤，他就切几斤，分毫不差，这娴熟的功夫，不是一般的屠夫所能比的。

但是，一旦老师要他读书，他就懵了。老师要是逼得急了，他就"瞎

折腾"，放一根针在老师坐的椅子上，老师一坐下，屁股就扎到针上了，鲜血直流。老师无奈，也只好放手让堂堂的太子天天做小买卖。

无论司马遹怎么痴情于小贩的生活，他都无法改变自己太子的身份，这就是贾南风所担心的。64岁的贾南风开始犯浑了，她要杀司马遹。精明的贾南风杀人，可从不亲自动手，于是她设了一个局。

公元299年12月，太子司马遹接到老爸司马衷的命令，说他病了，让司马遹快去看望。可到了宫殿，管事的人却不急着让司马遹看老爸，而是端来一盘酒菜，让司马遹吃饱喝足。这一喝，司马遹就酩酊大醉了。睡眼蒙眬中，司马遹见有人让他抄写一个文件，也就照办了。司马遹因为醉，根本不知道文件的内容。但是，就是这个文件要了他的命。

这一幕，完全是贾南风导演的，傻皇帝司马衷根本没病，也没让儿子司马遹来。当然，傻皇帝也压根没有行使过皇帝的权力，他的权力完全是贾南风一手操控的。没多久，这个文件就放在了贾南风的办公桌上。

文件上写着：太子（司马遹）与母亲谢玫约定好了，将杀掉司马衷和贾南风，诸如此类。虽然司马遹酒后写的这些字歪歪扭扭，但是司马遹的真迹无疑了。

有了这个东西，贾南风扳倒太子也就名正言顺了。于是，才十几岁的司马遹就这样被废除了太子的称号，押进了监狱，没多久，就一命呜呼了。

可悲的贾南风太高估了自己的势力了，她之所以能够处处得意，是因为她寄生在傻瓜皇帝司马衷身上。她利用司马衷排除异己自然方便，但是，她杀死西晋公认的继承人，在道义上，就陷入了万劫不复的境地。

虽然贾南风立了司马遹第三个儿子为皇太孙，但太子的势力开始将她作为攻击的目标了。

这时候，还得感谢司马炎分封自己同族人为王侯的政策，虽然贾南风杀掉了很多司马家族的人，但也正因此，余下的人便联合起来了。公元300年4月，即司马遹死的一个月后，这些王侯纷纷起兵造反了。贾南风随即被废掉，没几天，就被杀死了。一代女枭雄，就这样死掉了，贾氏家族，也因此在晋朝失去了辉煌，被贾南风毁掉了。

晋武帝司马炎分封同族人为王侯虽有利，譬如上文，外姓的贾南风做得过分了，立即就被荡平了，但弊端马上也就出现了。赵王司马伦、梁王司马彤虽然掌握了大权，但根本镇不住天下。其他的司马氏王侯立即起兵，和司马伦、司马彤打了起来。当时，天下的八个司马氏王侯互相混战，西晋江山四分五裂，史称"八王之乱"。

而后，虽然琅琊王司马睿中兴了晋朝皇室，但领土也只限于秦岭淮河以南的部分，在北方，先后出现了十六个国家。公元420年，刘裕逼迫东晋末帝司马德文禅位，建立刘宋政权，终结了东晋王朝。

王莽、吕后、王政君、贾南风，这些外戚（皇后及其娘家人）的代表人物篡取皇位，都没有得到好下场。我们就此推测，外戚是无法当上皇帝的，正确吗？答案是不正确的。杨坚，这个外戚，就把自己外孙的皇位给夺了去，建了统一全国的隋朝。

隋唐，一家人过家家

隋唐的皇帝，乃至贵族，其实，都起源于一个小镇。他们之间都是亲戚。所以说，隋唐的权力之争，就是一家人之间闹别扭。但是，涉及皇帝的宝座，这别扭一闹起来，也挺厉害。死人，自然在所难免，但是，智慧斗争才是主流。

二世隋朝的皇权之争

隋朝，就两代。

但是，这两个皇帝，为了争权夺利，没少混战，乃至厮杀。杨坚，和自己的外孙打架；杨广，欺骗自己的老妈，还被怀疑杀了老爸，而杨广自己呢，最后也被情敌给杀了。

杀来杀去，隋朝亡了。隋朝末年的斗争，也是很精彩的。

隋：姥爷与外孙打架

当皇帝，就得六亲不认。

杨坚，隋朝的开国皇帝，他篡的是北周静帝的位。这静帝是谁？他的妈妈就是杨坚的女儿，而且他的婶婆和杨坚的媳妇是亲姐妹。但是，他这个姥爷外加姨姥爷，还是狠心地将他给掐死了，随后坐上了皇位。一般来说，外戚（皇帝岳父或者姥爷家的人）夺皇位，其后果都是很失败的。可杨坚篡位这般六亲不认，够狠了吧？其实，还有更残忍的人呢，这人三年杀了三个皇帝，够牛了吧。

杨忠（杨坚的老爸）、杨坚、宇文泰、李虎等他们这帮人发展成了最有实力的关陇军事集团，宇文泰掌握了西魏，建立了北周，这里面杨坚都有一份功劳的。

建立西魏的时候，宇文泰就论功行赏，封了八大柱国和十二个将军。柱国，那意思就是国家的支柱，没了这些支柱，国家就垮了。其实呢，这是宇文泰演绎的"杯酒释兵权"的大戏。独孤信、李虎（二人相当于是宇文泰的发小）这类人，和宇文泰称兄道弟的，他们手中握着大军，宇文泰怎能安稳？所以，宇文泰剥夺了他们的兵权，给了他们柱国的封号，把他们供养起来了。

这样一来，独孤信也就闲了下来。他来西魏的时候，把家眷都丢在了高欢的地盘了。没事，他就利用这段空闲时间再娶老婆，生孩子。他一下子生了七个女儿，别的女儿咱不说，单说其中的三个：二女儿，嫁给了宇文泰的儿子，即后来的北周明帝宇文毓，儿子是周宣帝；四女儿，嫁给了李虎的儿子李昞，这李昞大家也许不熟悉，但唐高祖李渊、唐太宗李世民大家熟悉吧，他们就是李昞的儿子和孙子；小女儿呢，就嫁给了杨坚，这个隋朝的开国皇帝。

独孤信这样嫁女儿的确有战略眼光，他以后就会顺利地成为北周、隋朝、唐朝的三朝国丈，堪称第一岳父。但可怜的是，这些他都没有看见，他在55岁那年，就自己乱折腾到不得不自杀了事。这是为什么呢？下文叙述。我们得关注一下杨忠和杨坚父子，他们为啥没捞到柱国的封号呢？

宇文泰虽然将独孤信、李虎这些人的军权都剥夺了，但得有人替他领兵打仗啊。杨忠，因为带着儿子杨坚曾经脱离过阵营，地位也就比这些人低了一点。所以，宇文泰就给了杨忠一个大将军的称号。值得庆幸的是，他们真卖命地为宇文泰打仗，忙得不亦乐乎。

杨忠先是跟着宇文泰，南征北战，打了不少胜仗。杨忠和宇文泰的侄子宇文护，成为宇文泰的左膀右臂。在打仗中，杨忠和宇文护配合得很顺利；但在政治中，杨忠，乃至杨忠的儿子杨坚，和宇文泰就成了对头了。结果，宇文护对杨忠以及杨坚的猜疑在公元556年以后显得更厉害了。

公元556年，宇文泰死了。在死前，宇文泰和他的侄子宇文护进行了一次密谈。至今，也没有人知道这次密谈的内容，但此后的天下，却让宇文护唱了主角了。

宇文泰刚死，宇文护就跳出来，宣布不跟西魏混了，建立新的朝代，名字叫周朝。皇帝嘛，是宇文泰的儿子宇文觉，宇文泰被追封为皇帝。就这样，北周就草草地建立起来了。宇文护也就成了当朝最有权势的人了，就连孝闵帝宇文觉也得看宇文护的眼色行事。在这次变动中，杨忠和独孤信都获得了利益，杨忠也如愿以偿地成了柱国，独孤信呢，更是受封的称号一大堆，数都数不过来了。

独孤信虽然受了这么多封号，但他是鲜卑贵族，这在当时，是北魏的一个很重要的身份。西魏，是北魏的延续，独孤信能接受，但建立周朝，独孤信就有点不舒服了；而且，他的女婿——宇文泰的三儿子宇文毓没有当上开国皇帝，他就更失落了；更严重的是，周朝被宇文护这小子给把持着。宇文护虽然是宇文泰的侄子，但地位低得很，能和独孤信这样的柱国比吗？于是，独孤信就联合另外一个柱国赵贵，准备对宇文护下手了。

可巧，宇文护事先知道了这个消息，先下手为强，没几下子，就将赵贵这股势力给灭了。至于独孤信，因为名声太响，宇文护没有立即下手。但没多久，独孤信就自己在家自杀了。

独孤信的自杀与其说是宇文护逼的，还不如说是他自己折腾出来的。杨忠和他的儿子杨坚，同样被宇文护，乃至北周皇帝宇文邕、宇文赟排挤和猜疑，但杨坚忍受了，终于守得云开见明月。这是后话了。此时，北周的政坛上，还是宇文护在表演，他最牛的一个节目，马上开演了，那就是"三年杀三个皇帝"。

宇文护除掉了独孤信、赵贵之后，以为万事大吉，他可以安心地左右皇帝，控制朝政了。哪知道，宇文泰的儿子宇文觉厉害着呢，虽然朝外的权力让宇文护掌握了，可宫廷里还是他说了算。宇文觉招收了一大批武士，天天在宫殿里训练，美其名曰"保镖"，其实就是对付宇文护的。

宇文觉的做法也太张扬了，这么一大帮人，能不被发现吗？宇文护知道后，就把宇文觉给废黜了，旋即毒死，以除后患。此时距宇文觉当上皇帝，还不到一年。

宇文觉死了，但宇文觉训练"保镖"对付权臣的主意还不赖，清朝的康熙，就学了他这招，找了很多人陪他摔跤，顺势将武功盖世的鳌拜给宰了，夺回了皇权。好了，闲话少叙，还是看宇文护拥戴的第

二个皇帝吧。

宇文护这个时候想到了宇文泰的三儿子宇文毓,此人就是独孤信的女婿。宇文毓比较软弱,好控制。宇文护就把这个人扶上了皇帝的宝座,是为周明帝,独孤信的女儿自然而然地成了皇后。独孤信第一次当上了国丈。只是独孤信已经死了,看不见这些了。

宇文毓虽然不染指军权,但在经济建设方面很有一套,威望与日俱增。宇文护也只得将一些权力交与宇文毓。有了更大的实权后,宇文毓干得更出色,这就让宇文护担心了。结果宇文毓当了三年皇帝,就被宇文护给毒死了。时为公元560年。

列位看官,在公元557年,北周建立之时,宇文护就弄死了西魏恭帝,让堂叔宇文泰的儿子宇文觉当上了北周皇帝,此后两年,又弄死了北周的两位皇帝。不到三年的时间,宇文护弄死了三位皇帝,创下了历史之最。

宇文毓死后,宇文泰的第四个儿子宇文邕当上了皇帝,是为周武帝。宇文邕总结前面两个哥哥的教训,变乖了,装模作样地做了一个傀儡,只是暗中寻找机会,刺杀宇文护。宇文护呢,看宇文邕比较听话,也就没有将屠刀再架在他这个堂兄弟的脖子上。

对付宇文护这样的人,宇文邕采取了韬光养晦的办法,宇文护将他的两个哥哥杀掉了,可他从不把这件事情放在心上。这还不算,他事事都顺着宇文护,做得小心谨慎。譬如,大臣陈崇冒了句"宇文护今年运气差"的话,虽然宇文护不在那里,宇文邕还是大骂陈崇。当晚,宇文护就知道了这个消息,将陈崇杀掉了,却更加信任宇文邕。在宇文护和宇文邕之间,这样的斗争多着呢。

就这样,宇文邕忍了十三年。十三年来,宇文邕一直在积蓄着力量,寻找最有利的时机。

公元572年，宇文邕终于找到了一个机会，他联合太后，将宇文护骗到太后那儿，一棒子将宇文护打死了。太后因为是宇文泰的老婆，是有一定分量的人，宇文护死在那里，反对者就少了些。而且，很多实力派已经被宇文邕收买了，譬如随国公杨坚和唐国公李昞。宇文邕先是和杨坚结为了亲家，接着又将自己的外甥女窦氏嫁给了李渊，这窦氏生的儿子就是李世民。

宇文邕终于真正掌握了北周的天下。

在宇文护的时代，杨忠和杨坚一家生活得很悲惨。

就连皇帝，宇文护都能残忍地弄死三个，朝中的大臣，宇文护杀起来就更肆无忌惮了。杨忠在这种严峻的形势下，处理得还不错。他在宇文护手下兢兢业业地征战、讨伐整整十一年。杨忠死之前，宇文护还带着皇帝去看望他了呢。为了表彰老部下，宇文护还送给他一枚勋章。杨忠在临死前，拉着杨坚的手，叮嘱了一句话：少说话，多做事，和权臣们保持距离。

话说这杨坚，在父亲在世的时候，就跟着父亲，成为军中大将。但是受到的非议那是相当多。甚至有个看相的人，竟然看出了杨坚身上有皇气，只是没有说出来而已。要不然，甭说宇文护了，宇文泰就会把杨坚给结果了。宇文护一直看着杨坚不顺眼，总想找个由头把杨坚干掉，只是杨坚笃信父亲的遗言，小心谨慎地做事，没有让宇文护找到把柄，才得以明哲保身。

话说回来，宇文泰、宇文护，他们都是鲜卑族人，对于汉人，总有点瞧不起，所以，杨忠、杨坚即使有再大功劳，在他们看来，都很难威胁到他们的地位。另外，杨坚年纪轻，资历浅，根本就不配宇文

护防备。李虎家族也是如此。北周建立的时候，李虎就去世了，他的儿子李昞继承了位子，年纪轻轻，娶了独孤信的女儿，生下李渊。李渊又娶了宇文邕的女儿，生下了李世民。李昞除了在外打仗，就在家带孩子了，哪有时间去参与宫廷斗争？

独孤信就不一样了，他是鲜卑贵族，振臂一挥就能造反的人。独孤信稍微有点动作，就让宇文护害怕，宇文护能放过独孤信吗？

杨坚父亲死后四年，宇文护也死了，接下来，杨坚不得不小心翼翼地在宇文邕的手下做事。

虽然他们是亲家，但之间的斗争却更为激烈。如果说宇文护铲除杨坚的想法，仅仅是一种冲动；那么，宇文邕对于杨坚的猜疑，就出于政治上的考虑了。齐王宇文宪就多次劝说宇文邕铲除杨坚。无奈，当朝的大臣都说，杨坚是一块领兵打仗的好材料。当时北周仅仅统一了北方，南方还有陈国的势力，正缺大将呢。宇文邕爱将心切，也就没那么想了。再加上杨坚善于伪装，让宇文邕没看到什么叛逆的迹象。

但有一次，杨坚还是差一点成了宇文邕的刀下鬼。这是因为杨坚的长相，用现在的话说，那是酷毙了，用过去的话说，是有帝王之相。也就是说，杨坚坐在那里，就像一个皇帝。这话让宇文邕听见了，心里顿时狐疑，不得不借助迷信的方法来验证一下。宇文邕将当朝最权威的星相学家赵昭给请来了，让他给杨坚看看相，算算杨坚是否有当皇帝的命。

赵昭见到杨坚，心里一惊，这活脱脱是一个皇帝的面相啊。杨坚的命运比宇文邕好多了，注定要统一中国的。但是，天机不可泄露，赵昭不能说这番话的。于是他对宇文邕撒谎了，说杨坚命不错，但不至于当皇帝，顶多能当个大将军。倒是内史王轨说了实话，他经常提醒宇文邕，杨坚以后一定会造反，要及早铲除，而且，你儿子宇文赟的命相也不咋地。

有了相学权威的一番话，宇文邕就不信王轨的那一套了。至于自己的儿子宇文赟，只要教育得当，难道真的能将北周给败掉了吗？

于是宇文邕决定放过自己的亲家杨坚，安心地教育自己的儿子宇文赟。让北周继续辉煌，得靠宇文赟啊。可惜的是，宇文邕是第一次当皇帝，也是第一次教育儿子，根本不知道用什么教育方法。另外，他是鲜卑族，知识文化学得不太多，哪里知道教化的道理。除了严厉外，宇文邕想不出更好的办法了。宇文邕要求儿子宇文赟每天早晨五六点就起床，并随时汇报学习情况，如果宇文赟稍有违反，就得挨板子。这些就足够折磨宇文赟的了，但最让宇文赟身心疲惫的是，宇文邕没事就吓唬宇文赟，你要是不听话，这皇位就不给你了。

宇文赟和他的岳父杨坚一样，都在胆战心惊地过着日子。

公元578年，宇文赟压抑的日子终于熬到头了，他再也不需要在老爸宇文邕面前规规矩矩地装乖孩子了。原来就在这年，35岁的周武帝宇文邕去世了。20岁的宇文赟再也压抑不住心中的喜悦，他摸着被老爸鞭打的痕迹，踢着老爸的棺材，大叫："死得太晚了！"

从此以后，宇文赟当上了皇帝，号周宣帝，开始了荒淫无度的执政生涯，杨坚的女儿杨丽华也就当上了皇后。杨坚自然位列群臣之首。但是，杨坚的好日子压根儿就没来。不知道为什么，宇文赟特别痛恨杨坚，没事就用大棒打自己的这个岳父。有一次，他还当着媳妇杨丽华的面，说岳父杨坚如果在宫廷宴会中稍微流露出一点怨气，就立即把杨坚给宰了。幸亏杨坚练就了喜怒不形于色的本事，才幸免于难。但是，宇文赟喜怒无常，说不定哪天一时兴起，就一刀剁了杨坚的脑袋。

杨坚依旧每时每刻都活在胆战心惊之中。

北周当时与南方的陈国对峙，扬州就是敌我双方的前沿阵地。前线，当然很危险。但是最危险的地方，也就最安全。杨坚就觉得扬州远离国都，没有那么多惊心动魄的权力斗争，更不会挨女婿的棍子，甚至刀子。于是杨坚装模作样地对宇文赟说，自己作为最显赫的大臣，要去扬州那儿，和陈国作战。宇文赟当然同意了。就这样，杨坚准备开溜了。此时是公元580年。

可杨坚还没有走，宇文赟就生病了。这也难怪，宇文赟见父亲死了，没人管他了，自己又当上了皇帝，想怎样就怎样，能不乱玩吗？他当了九个月的皇帝，就不干了，改当"太上皇"，专职淫乐，处理朝政的事，交给他的儿子皇帝，也就是杨坚的外孙宇文衍代劳。宇文赟淫乐，那是有水准的，他就有两个帮手，一个叫郑译，一个叫刘昉。这两人最擅长后宫之事了，把宇文赟服侍得十分妥当，让其日夜欢愉。结果，宇文赟的身子不到两年就被掏空了，一生病，也就没有再恢复的迹象了。

碰巧的是，杨坚认识郑译与刘昉。其实，杨坚为了保命，没少给他们送东西，好让他们在宇文赟面前说好话。现如今，宇文赟病了，快要死了。郑译与刘昉就找到了杨坚，杨坚也不走了，和这两个人彻夜长谈。他们计划出了一条诡秘的计策。

当夜，这三人就跑到了周宣帝宇文赟那里。可怜的宇文赟躺在那里，病得连话都说不出来了。杨坚拿起皇帝的毛笔，着手写了一个诏书，拿起玉玺就盖上了。玉玺的内容，无非是宇文赟死后，杨坚当丞相，掌握全国的军政大权之类，辅佐自己的外孙周静帝。但是，这诏书必须得另外一个人签字才能生效，这个人叫颜之仪。他一看杨坚拿着这个诏书让他签字，就知道事情不妙。

颜之仪也是个聪明人，他立即派人快马去请大将军宇文仲，此人也够辅政的资格。颜之仪也想伪造个诏书，让宇文仲当丞相。这宇文仲得到消息后，跑得够快，一下子就冲到了大殿之内。

杨坚一伙有诏书，却没有颜之仪的签字，没有法律效力；颜之仪有签字的权力，也有宇文仲这个够格的人选当丞相，但没有诏书，于是他立即飞奔到周宣帝的房间去拿纸写。双方在大殿内碰头了，杨坚挡住了宇文仲的去路，大臣们满脸狐疑，面面相觑。就在这千钧一发的时刻，杨坚的女儿杨丽华站出来了，她可是当朝的皇后。她清了清嗓子，说："我听见了，太上皇说了，让杨坚当丞相。"

杨坚立即展开了那张没有颜之仪签字的诏书，以示证明。有诏书，还有太后的证明，大臣们也就相信了。倒是颜之仪、宇文仲晚了一步，什么也没捞到。但他们的结局是很惨的，杨坚当场就砍了他们的脑袋，理由是试图伪造诏书。至于杨坚伪造诏书的罪行，只能由列位看官声讨几声了。

此时的杨坚站在病恹恹的周宣帝宇文赟面前，一定很得意了。周宣帝喜欢用棒子打人屁股，打死过不少大臣。杨坚虽然是他的岳父，也没少挨他的棍子。现如今，周宣帝让杨坚给诳了，也只能干瞪眼。其实，周宣帝连瞪眼都做不成了。没多久，周宣帝就一命呜呼了。

虽然杨坚如愿以偿地掌握了周朝的军政，但是，他的反对者多着呢。宇文家族庞大，分布在各地，手中都有军队，而且都是鲜卑人，脾气暴躁。如果这些鲜卑人知道了这个消息，说不定天下就会大乱的。所以，周宣帝宇文赟死后，杨坚采取了秘不发表的做法。他伪造个诏书，以宇文赟的名义召集了这些王侯。当宇文家族的王侯来到都城的时候，他们才知道，宇文赟已经死了。他们没有准备，也不敢对杨坚怎么样，

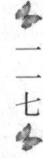

只好大眼瞪小眼地互相看着了。

杨坚赶紧以自己的外孙，即新皇帝宇文衍的名义，发布一个诏书，将这些宇文家族的军权给剥夺了，并将他们扣留在都城。

这些王侯虽然被扣留了，但他们还是设法联系外地的军事力量。结果，相州总管尉迟迥发怨气了，他是宇文家族公主的儿子，身上淌着宇文家族的血脉，他都没当丞相，杨坚却仗着自己女儿是太后，就当上丞相了，于是他觉得不公平。对付这种人，杨坚毫不手软，直接派韦孝宽去顶替他的职位，把他给辞了。见此情景，尉迟迥吓得赶紧举起了反旗。杨坚倒也不怕，他原来跟着父亲杨忠没少打仗。他派韦孝宽将尉迟迥给扫平了。韦孝宽是员老将，打败尉迟迥，不在话下。在这次战斗中，一个叫杨素的将领很值得注意，他采取了全新战法，那就是第一次采取小规模突袭的战斗方式。他组织了几百人的敢死队冲锋，如果冲破了敌营，有赏；冲不破，则全部杀掉。如此这般，杨素的战绩很是不错，并被杨坚追认为本家。杨素后来还帮着隋炀帝杨广夺了杨坚的皇位。这是后话了。

就这样，在随后的数月中，杨坚先后将尉迟迥、王谦等反对势力都打败了。

杨坚因为镇压了那些反对他的军队，在都城的宇文家族的王侯就决定和杨坚拼个鱼死网破。赵王宇文招就准备这么干，他请杨坚吃西瓜，手中的西瓜刀就差点捅进了杨坚的喉咙。杨坚经过了这样的惊心动魄的一幕，就下决心对宇文家族的人大开杀戒了。

结果不到一年，宇文家族的四十三个家庭就全被杨坚杀光。

接下来，杨坚的毒手伸向了周静帝宇文衍，开始染指帝位。此时，他的女儿杨丽华才看透父亲的企图，后悔当初让父亲当丞相了。可现在后悔，又有什么用呢？

和其他的外戚不同，杨坚把当皇帝的企图完全表露了出来，丝毫不遮着掩着。公元581年，杨坚就逼着8岁的周静帝"禅让"皇位给他这个姥爷。于是杨坚顺利地当上了皇帝，为了纪念他父亲随国公的称号，改国号为随，后来嫌"随"有走的意思，不吉利，又找了一帮知识分子，帮着重新琢磨出了"隋"这个国号。

智慧和阴谋并起的大唐

唐朝的宫殿中，上演的权力的争斗不可胜数。

唐朝人的智慧和阴谋，所影响的人数，也不可胜数。

他们之间的斗争依旧是残忍，而且无情的。为了皇位，表兄弟之间打仗，甚至于兄弟相残。而且，只要有势力，谁都想当皇帝。

唐：表兄弟之间的斗争

在太原城的皇帝别墅里，有一个人，一手抱着皇帝的美女，一手拿着地图在研究着。是起兵反隋，还是不起兵呢？他犹豫不决。

"李国公啊，起兵吧，你看看，皇帝的别墅，你偷偷地住上了，皇帝的女人，也让你玩了，这要是让隋炀帝杨广知道了，你有几个脑袋够他砍的啊？别说你们是表兄弟，就是亲兄弟，杨广也不甘心把自己的女人送给你啊。"

"还是不起兵吧,现在的荣华富贵,我都享受不过来,还咸吃萝卜淡操啥子心呢。"这人接着与美人嬉戏着。

此人不是别人,正是唐国公李渊。那个劝说他的人叫裴寂,是隋炀帝别墅的看管人。

李渊可是隋朝的望族,他的爷爷叫李虎,西魏八大柱国之一,和隋炀帝杨广的爷爷杨忠是多年的老同事。而且,李渊与杨广,从小都在武川长大,他们既是邻居,还是发小,一起玩过泥巴的。不仅如此,李渊的老妈与杨广的老妈还是亲姐妹,杨广的老妈就特别喜欢李渊这个外甥,甚至超过了喜欢杨广的程度。

李渊7岁就继承了父亲的官位,当上了唐国公,过着衣来伸手、饭来张口的日子。隋炀帝杨广把李渊派到太原去,也是对他极大的信任。太原,历来就是北方军事重镇。突厥族正虎视眈眈地看着隋朝呢,隋炀帝再昏庸,也知道这些都是关系国家安危的大事,让自己的表兄弟帮着守卫,总是错不了的。

曾有预言家告诉杨广,李姓的人要篡他的皇位,但杨广怎么想也没有想到是李渊。如果李渊这样的人都反他的话,他这个皇帝干得还有什么劲?而且,李渊过得优哉游哉的,何必反隋呢,没事找事啊?

太原,富饶着呢,李渊坐镇这里,当然为自己捞了不少。就连隋炀帝别墅的看管大人裴寂,也来巴结李渊了。李渊,三代贵族出身,享受,那是最拿手的。所以,在裴寂的安排下,隋炀帝别墅里的那些高档服务项目,他是一个不剩,挨个地享受。就连隋炀帝的女人,也被裴寂送来,让李渊尝尝鲜。李渊还在隋炀帝别墅里,发展了一个小情人,名叫张婕妤,那可是真漂亮,李渊一日不见,都想得心颤颤的。

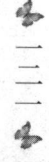

裴寂是个有野心的人，他把李渊研究了个透。在西魏、北周朝，李渊的家族和隋文帝杨坚家族，那是不相上下的。杨坚能够建立隋朝，李渊为什么不能另立一个朝代呢？隋炀帝大兴土木，还不停地打仗，对于爱好和平、喜欢宁静的汉族人来说，是特别怨恨和反感的。全国风起云涌的农民起义就是例子。于是裴寂决定了，他得劝说李渊起兵造反。

虽然李渊不想造反，但这时发生了一件事情，而且是逼着他不得不谋划造反的事宜。

此事发生在公元617年，突厥军队来犯，太原首当其冲位于战争最前线。李渊带兵迎击，不料，却被突厥给打败了。按当时隋朝的法律，打败仗了那得吃官司，弄不好，小命就不保了。果然，没几天，隋朝的使者就来把李渊就地免职了。

李渊的脑袋快要炸了，他得想办法保住自己的一切。最有效的防守，是主动进攻。裴寂，这个时候再次出现在李渊的面前，也再次说出了造反的话题。不仅如此，李渊的儿子李世民也竭力劝说老爸造反。李世民当时只是二十来岁的小伙子，最喜欢的就是打仗，那多惊险刺激。

一向办事缜密的李渊开始了深思。

现在，隋炀帝免了他的职位，按照常规，下一步即使不杀他，也会剥夺他的军权的。在乱世，没有军权，活着还有什么劲？面对明月，李渊定下了决心，开始了造反前的秘密准备工作。

李渊给自己的儿子李建成去了封信。当时的李建成在河东郡，处于农民起义的中心区域。李渊让他秘密联络民间的豪杰人士，准备起义。在太原城，李渊又安慰了那些跟随自己的将领，答应他们的起义请求。

可不,这些将领大都是李渊的家臣了,李渊这棵大树一倒,他们也不会有什么好下场的。

大家听说要起义,都激动起来,很快就准备妥当了,就连起义的时间也定好了。有人考证出来,最晚在下个月,因为突厥族已经快逼到太原家门口了。

不料,历史就是这么滑稽。此时的隋炀帝突然送来了一个圣旨,李渊官复原职,不追究李渊的任何责任了。本来,按照隋朝的法令,李渊必须接受处罚的,估计免职李渊的命令就是按法令做出的,没经过隋炀帝杨广的手。至于接下来如何处罚李渊,就得等候杨广的命令了。杨广还是比较重感情的,当时天下的反军那么多,他没有多少像李渊这样既是他亲戚,又是一方大将的人才了。胜败乃兵家常事嘛,何必计较。李渊,还是好样的,接着干吧!杨广这么想。

接到信后,李渊松了一口气,又去和自己的小情人张婕好欢娱去了。这时,裴寂不得不硬生生打断他们的好事,他要告诉李渊,那些手下人已经把起义事项准备好了。现如今,箭在弦上,不得不发。

李渊也害怕了,手下的人要把他的造反计划说出去,隋炀帝杨广就不会像这次这样放过他了。叛逆大罪,就是亲儿子,也是要杀的,历朝历代都是如此。

在内外因的作用下,李渊还是决定了,依旧按照计划造反。

李渊是个做事缜密的人,即使决定造反,也不会像初生牛犊那样,一味地蛮干,他得一步步地按照计划来。第一步,他就得招收足够的士兵,没有士兵,一切都是扯淡。李渊手上的士兵,守卫山西,没有问题,可用来造反,夺取天下,就远远不够了。

李渊贵为隋朝的大官,招兵还得要隋炀帝同意。在太原城,还有

两个官员，被隋炀帝任命为副留守，专门辅佐李渊这个正留守的。其实，他们是隋炀帝派来专门看着李渊的。李渊要是做出了什么出格的事情，保准第二天，隋炀帝吃早饭前就知道了。李渊突然招兵，岂不引起他们的怀疑。

只是，当时的时机比较好。毕竟突厥压境，李渊打败了，而且，叛将刘武周还攻占了隋炀帝的汾阳宫，把隋炀帝藏在那里的女人都抢走了，接下来就得攻占太原了。李渊给隋炀帝打了个报告，说，表弟杨广啊，你藏在汾阳宫里的女人都被抢走了，眼看着敌人就要攻下太原了，即使你不要江山，也得保护你的女人啊，表哥得为了你着想，赶走突厥，保护你的女人。所以嘛，得招兵，守卫太原，防止突厥把你东都洛阳给剿了。

隋炀帝一看，也被吓着了，他立即大笔一挥，在报告上签字了：同意，但只准招两万人马。看来，隋炀帝也知道防人之心不可无啊，只给了李渊两万个名额。其实，这也不全怪隋炀帝，隋朝的法令也这么规定的。

李渊也不恼，既然名额你限制了，但我可以招收优秀人才。李渊精挑细选，征召了两万子弟兵。有了这批精锐在手，李渊的底气就更足了。

但是，世上没有不透风的墙。李渊招兵，符合隋朝的规定，那两个副留守，不敢说三道四。可是，李渊任命军事将领的时候，出了纰漏了。他一共任命了三个将领，一个是他儿子李世民，这倒没什么。另外两个分别是长孙顺德、刘弘基。这两人是什么人？那可是朝廷的罪犯啊。

长孙顺德是李世民老婆的叔叔，上次被摊派去朝鲜打仗，可他逃到李世民那儿，藏了起来。按照隋炀帝制定的法令，这就犯法了。而刘弘基呢,已经被当作壮丁抓起来了,他却在路上故意犯个错,宁愿坐牢,也不去打仗。后来,被查出来了。

这也怪他的办法太笨,他偷了别人的牛,求别人去报警,可别人就是不报警。最后,他只得自己跑到县衙,"坦白"罪行,赖在县衙,就是要坐牢。县官不怀疑才奇怪呢。

这两个逃兵役的罪犯,现如今成了大军官了,带着士兵打仗,滑稽吧?隋炀帝派来的那两个副留守都怀疑了。

一天,这两人在屋子里商量着,这个说:"我们还是上报吧。"

另外一个人说:"唐国公李渊可不是一般人,隋炀帝还是他的表弟呢。他不就是使用了两个逃兵役的人,也不是大错。我们哥俩还要在太原混,得罪了李渊,那可要吃不了兜着走啊。"

这个人又说了:"我们虽然待遇低,威望小,但不能遇事不报告啊。"

"报告个屁啊?"从窗外传来了声音。原来,他们的老朋友武士彟来了。他帮这两人仔细分析了利害关系,吓唬外带哄骗,终于使这两人乖了下来,不作声了。

这武士彟是谁啊?他专为李渊管理军事装备,他的女儿就是后来大名鼎鼎的武则天,就是那个中国历史上的第一位女皇帝。

在当时,一些造反的实力派,都采取了跟突厥合作的方式,刘武周就是其中一个。李渊呢,也不惜做一次"汉奸"了。他给突厥的可汗写了一封情真意切的信,说隋炀帝荒淫无能,把天下给弄得大乱,他怀念隋文帝时代,决定讨伐隋炀帝,恢复隋文帝时代的秩序。当然,李渊也知道,突厥人贪着呢,一封信是解决不了问题的。于是,他又无偿地给对方赠送了大批大批的物资,这才是突厥最满意的地方。

替李渊做这一切的，是一个叫刘文静的人，和裴寂一样，也是太原的小官。裴寂，把皇帝的女人送给李渊享用，他呢，忙着给李渊戴上"汉奸"的帽子。

突厥，原来是在隋炀帝杨广的统治下的。杨广出了个主意，将突厥给闹得分裂了。一分裂，突厥就乱了，杨广趁机把突厥搞定了。只是，突厥各部被隋炀帝统治，自然就从隋朝很难得到大规模的物资了。隋朝衰败了，这些突厥人得到了长足发展，开始在边境上抢点东西，但还是饱一顿饿一顿地。倒是李渊够义气，送了这么多好东西，突厥吃喝不愁好一阵子了。突厥的可汗是直肠子，纯粹是北方人的性格，他给李渊回信就说，李渊，你也别藏着掖着了，干脆自己当皇帝得了，把隋炀帝杨广那小子给替换了。他们知道，李渊还没当皇帝，就送这么多东西给他们，要是李渊当了皇帝，送的东西能少得了吗？

刘文静立即串通李世民，逼着李渊当皇帝。

但李渊犹豫了。他没造反就自称皇帝，能有多少人跟着他干？那些隋朝的遗老遗少，绝对第一个反对他。另外，李渊现在做皇帝，那是绝对要对突厥称臣的。所谓称臣，就是皇帝李渊见了突厥可汗，也得下跪。李渊的国家有什么好东西，也不能自己享用，得进贡给突厥。这样一来，李渊就不划算了。所以，李渊不能此时当皇帝。李渊不当皇帝则罢，当皇帝，就得当一个顶天立地的皇帝，不能受制于人。

公元617年6月，万事俱备，52岁的李渊在太原起兵了。他打的口号是保护隋朝，可不是反对隋朝。他只反对隋炀帝一个人。随后，李渊把自己的哥们儿裴寂、刘文静安排为二三把手，自己率领中路人马，他的大儿子李建成率领左路人马，二儿子李世民率领右路人马。

李渊大军随后就将隋朝的长安给攻克了。

李渊攻占长安后，于公元618年5月称帝，国号为唐，大封有功之臣，并派兵继续与刘武周、窦建德等地方势力作战，自不待说。李渊也开始了屠杀的过程，那些威胁他统治的人，不杀掉是不可以的。刘文静，这个李渊称帝的第一功臣，也被列入了李渊需要铲除的黑名单了。

刘文静，帮着李渊勾结突厥，说起来，这可是件不道德的事情。李渊想抹去这段经历，就得将事件的当事人干掉。至于裴寂，他和李渊一起玩过女人，算是铁哥们儿，李渊对他还是很信任的。李渊在人事安排上，就将刘文静安在裴寂的手下。这样一来，刘文静怎么受得了，天天在家喝闷酒，喝醉了，顺口说了一句酒话，要杀掉裴寂。不料，这句酒话让他的小妾给告了密。

李渊听说后喜出望外，他终于找到了杀刘文静的理由了。他立刻下令，将刘文静宰了。李渊要杀的另外一个人，名叫独孤怀恩。是独孤信的孙子，那些独孤皇后都是他的姑姑，杨广、李渊和他都是表兄弟。

这时，列位看官要问了，独孤信死在北周，没有享受到三朝国丈、第一岳父的荣华富贵，这个独孤怀恩，经历了三朝，在每朝都会享尽荣华富贵的。只可惜，李渊不这么想。李渊琢磨着，独孤怀恩的姑姑都是皇后，他身上估计沾染了皇帝气，他要是造反，那还了得。北周的鲜卑贵族，得买他的面子吧？隋朝的旧臣，也得买他的面子吧？在本朝，也就是唐朝，他还可以拿出自己的老妈，也就是他的姑姑的旗号弄点什么花样，谁管得了？

没多久，独孤怀恩也被李渊以谋反的罪名给杀掉了，时年36岁。

其实，李渊杀独孤怀恩，还有一个意图，那就是与鲜卑文化的决裂。李渊身上淌着鲜卑独孤家族的血液，是个胡人。但李渊要统治的是整

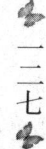

个中国，那是汉族的天下，李渊也以汉人自居。所以，无论是与突厥还是鲜卑的关系，都得割断，要做一个纯种汉人。

惊心动魄的玄武门之变

公元619年，即李渊当皇帝的第二年，发生了一件事情，让朝野震惊，李渊曾一度准备迁都，放弃黄河以南的地区。

原来，李渊称帝的时候，虽然隋炀帝被杀了，但李渊也仅仅执掌了山西和关中地区，全国仍然处于一片混乱之中。其中，窦建德和刘武周两家，实力非常之大，甚至超过了李渊。李渊在长安称帝，过着帝王的气派生活，他们能服气吗？

刘武周比李渊更会巴结突厥，他把隋炀帝各地宫殿中的美女都搜集起来，全部送给突厥的可汗，并定期向可汗上供。突厥呢，时不时地给他们补充点战马什么的。针对李渊，刘武周的手下宋金刚制定了一个谋略，确保李渊彻底完蛋。

宋金刚的谋略是什么呢？那就是攻占李渊的老窝——山西。李渊在此发家，证明此地是个好地方。不是依靠着山西这个大后方，李渊能在长安过得这么滋润吗？抄了李渊的老窝，李渊也就完蛋了。而且，山西空虚，刘武周的兵力充足，攻下那里易如反掌。

就在公元619年这年，刘武周的兵锋指向太原。守卫太原的是李渊的四儿子李元吉。不能说此人打仗不够猛，只能说刘武周势力太大。李元吉率兵阻挡，没怎么打，就全军覆灭了。李元吉退守太原，心想总得把唐朝的家底给守住了。李渊呢，派和自己一起玩过女人的裴寂，接着阻挡刘武周。话说这裴寂啊，巴结李渊，那是有一套，对付强大的刘武周，火候还嫩点，裴寂所率唐军被打败，在败逃中，裴寂跑得比谁都快，丢下唐军大部队，一个人逃掉了，捡回了一条命。

看裴寂率领那么多唐军，也无法挡住刘武周的兵锋，在太原城的李元吉吓得不知如何是好。他登上城楼一看，妈呀！到处都是刘武周的士卒，敢情太原城被围成了铁桶。死守太原城，怕是没希望了，还是溜吧。

幸亏李渊父子经营太原城时间长，李元吉逃跑没有遇到多大障碍。李元吉倒是跑了，只是苦了那些太原城的守军，群龙无首，哪里还有什么抵挡的意志。于是，刘武周大军轻易地就将太原城纳入囊中。

太原失陷后，山西全境也就很快被刘武周给占据了。

山西老窝丢了，刘武周和唐军只隔着一条黄河了，刘武周要是越过黄河，关中不保，长安危矣，唐朝朝野能不震惊吗？很多大臣都说，逃吧，留得青山在，不怕没柴烧。将都城迁往南方吧，既可以接着享受荣华富贵，也可以避开刘武周的兵锋，多好啊。李渊生性软弱，看李元吉、裴寂都吓得逃回来了，最后也只得同意迁都了。

就在这个时候，该一代英雄李世民出现了。

在朝堂上，李世民大手一挥，对李渊说，他就不信自己打不过刘武周。他伸手就要过了令箭，准备出征了。那些大臣瞪大了眼睛，不敢再说迁都的事情。他们知道，李渊虽为皇帝，但军事上的事情，还得靠他的二儿子李世民。不是李世民劝说，李渊也不会造反；不是李世民打江山，李渊也当不上皇帝。如今，大唐危矣，还得李世民来拯救。

李世民带着唐军，主动出击，与强大的刘武周军队形成了对峙局面。既然对峙，那就决战吧，刘武周是天天准备着决战，将李世民彻底消灭，借以渡过黄河，横扫长安的。可是，也亏李世民耐得住，不

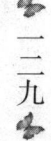

管刘武周如何挑衅，就是不与之决战。

两军对峙，两位主帅是在进行一场心理的对决。双方都绷紧神经，寻找对方的破绽，借机吃掉对方。谁先绷不住了，谁就得吃亏。

终于，刘武周绷不住了，因为他的军粮不足了。士兵饿着肚子，士气低沉，怎么打仗？他主动率军撤离了。可李世民能让刘武周就此离开吗？他不会善罢甘休的。就在刘武周撤退之际，李世民的唐军像饿狼一样扑了上去。

刘武周就此被击溃了？不会的。如果刘武周那样容易被打败，李元吉、裴寂就不会吓得连部队都不要，一个人逃跑了。面对唐军的追兵，刘武周也仅仅损失了很小的一部分。因为，他有自己的撒手锏。

刘武周的撒手锏就是介休这个要塞。此地呈走廊式结构，易守难攻，可谓"一夫当关，万夫莫开"。刘武周躲在介休后面，利用这个要塞，把李世民大军挡得严严实实。

守卫介休的是一名猛将，名叫尉迟敬德，原是铁匠出身，被刘武周赏识，作为心腹使用。这不，尉迟敬德已经下定决心，与介休共存亡了。任凭李世民怎么猛攻，也无法突破这个要塞。怎么办？

当蛮干不行的时候，就得巧干。另辟蹊径，就是这个道理。而且，不战而屈人之兵，才是上策。李世民使用的就是这招。

李世民围住介休，不打了。他派了大批人马开始劝降工作。这尉迟敬德可不是那么容易劝降的，软硬不吃。但是，李世民得逼着他投降。他让部分军队设法绕到介休的后方，去攻打刘武周的军队，借此给尉迟敬德施加压力。后来，尉迟敬德不得不投降了李世民。

李世民不因为尉迟敬德是降将，就看低他。尉迟敬德在唐军中享受的待遇，那是相当高。面对李世民，尉迟敬德彻底服气了。从此以后，尉迟敬德就忠心耿耿地为李世民看家护院。他本人也就此成了守门人的形象代言人，老百姓纷纷把他的照片贴在门上呢，他也就成了门神之一，也有人喊他尉迟恭。

拔了介休这颗钉子，李世民的大军就向刘武周的主力进攻了。但是，刘武周仍然有地方可退。从这点来看，刘武周的指挥艺术应该不错。在战前，他不仅仅制定了进攻的计划，连失败的计划也制定好了，而且能够应付连续两次的失败遭遇。

话说山西不是与突厥的土地接壤吗？刘武周攻打山西的时候，早就与突厥可汗说好了，他打山西胜利了，自不必说，如果失败了，就退到突厥那里去。现如今，刘武周带着残部，一下子就进入了突厥的领地了。突厥的军事力量强得不得了，唐军哪里敢惹。只是，刘武周的算盘最终还是落空了。

这突厥，有利益可占，就拿你当朋友；一旦你身上榨不出来油水了，那就对不起了，一脚给你踢一边去。刘武周退到突厥境内，不仅不能给突厥可汗上贡，还吃突厥的喝突厥的。突厥人能愿意吗？于是，突厥人终于拔出刀子，一刀就结果了刘武周的性命。

刘武周这伙势力，李世民是铲除了，唐朝的老窝山西也保住了，都城长安也就此消除威胁了。但当时的天下还有王世充和窦建德的军事势力呢，他们都强悍得很啊，只是李渊没有看得那么远。刘武周死了，都城无忧，李渊就高兴得不得了，忙赏赐李世民。而且，李渊对李世

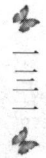

民说，干脆，你当太子吧，接我的班，以后当皇帝。

可是，那时候的李世民还年轻，心想着，还有窦建德、王世充两大军事集团在那嚣张着呢，作为军人，我不能看着不管。于是，李世民谢绝了父亲的好意，决定先去扫清帝国内的反对势力，统一中国后，再谈自己的仕途。

也许这就是军人和政治家的区别。李世民此次的放弃，将直接导致他在以后的政治斗争中处于劣势。但，也正是这次的放弃，使得李世民暂时远离政治斗争，全心全意地消灭敌人，使帝国安稳。如果帝国不稳，他们兄弟又为了皇位争来争去，其后果更为严重。在这个阶段，我们看到的还是军人李世民。

李世民攻打刘武周的时候，隋将王世充正把瓦岗山的李密打败了，李密不得不率领残部投降了唐军。而河北的窦建德，也将宇文化及打败了。一时间，王世充与窦建德遥相呼应，对年轻的唐朝构成了巨大的威胁。让李世民最受不了的是王世充，这个人占据着隋朝的东都洛阳，把隋炀帝的宝贝和美女，都据为己有了。

王世充躲进洛阳城，李世民只是包围着，压根儿不攻城，他和王世充耗着。在同一时刻，他则和另外一支部队，正忙着去消灭另一股军事势力——窦建德的军队。

窦建德仗着自己兵多，直接向李世民呼啸而去，发誓将李世民撕成碎片，快速解救洛阳城的王世充。可是，就在这帮人热血沸腾地前进的时刻，一个坏消息突然而至。原来，他们的粮道被李世民给截断了。这下子，窦建德傻眼了，没吃的，打什么仗啊。他在那儿犹豫着，同时，士兵也都列阵等着他作决定。

就在这时,李世民的唐军出其不意地扑向正在列阵的窦建德军队。随后,李世民又用了几次诱兵之计,终于将窦建德本人活捉了。

窦建德就此被解决了,接下来该解决王世充了。大家疑虑的是,缩头乌龟王世充躲在洛阳城这么坚固的堡垒里,怎么打啊。但对于李世民来说,王世充根本不用打。

李世民将窦建德绑在囚车上,沿着洛阳的城墙转了一圈,大喇叭一喊,城里的王世充就坐不住了。窦建德,那是多么牛的汉子,自己原本就指望他来解救洛阳之围的,现如今,他都被抓起来了,自己在洛阳还能坚持到几时啊?干脆,投降吧。

结果,洛阳城不攻自破了。

公元621年,李世民带领着各路人马班师回朝,威风凛凛,大臣都纷纷叫好。李渊亲自授予李世民"天策将军"称号,那可是最高最高的荣誉了。在天策府里,李世民将各路文武官员纳入其中,一时间,大家无不得意。但是,静下心来,李世民才发现,他失败了,而且败得很惨。

李世民坐在天策府里,有派头,但他的哥哥李建成住在东宫里,那才有出息呢。现在,李建成当太子的时间已经不短了。将来的天下,十之八九就是李建成的。这样一想,李世民就觉得没什么意思了,因为半个天下都是他打下来的,可管理天下,他却只能靠边站了。

这李世民心里酸溜溜的,李建成心里却更酸溜溜的。李建成的心思,就和有钱人的心思一样。钱丢了,倒没啥事。可太子,乃至将来的皇位丢了,那可得后悔一辈子的。其实,按照当时的情形,皇位一丢,小命也就此报废了,根本没机会去后悔了。所以,为了皇位,为了生命,

李建成得先下手为强。

　　李建成打仗的事情做得少，也就少了那种杀人放火的雷厉风行，他的性格跟他老爸李渊类似，有点温顺，有点犹豫。李建成勾结了三弟李元吉，两人天天泡在宫廷里，老爸李渊在的时候，就在老爸面前说李世民的坏话；李渊不在的时候，他们就巴结李渊的女人们。当年李渊在太原当留守的时候，就看中了隋炀帝的女人张婕妤。当时，李渊只能偷偷摸摸地偷情，现在，李渊可以和张婕妤光明正大地同床共枕了。所以，李建成和李元吉，就把这个女人当亲妈对待，竭尽所能地满足她的欲望，希望她晚上也能吹吹李渊的枕头风，把李世民的势力给削弱了。

　　沉溺于女色之中的李渊，还是清醒的。他难道不知道李世民的才能吗？知道，所以，他曾经两次说出要立李世民为太子的话。但是，他又为什么不立了呢？其中一个重要的原因就是，如果他抛弃大儿子李建成，改立二儿子李世民，就违背了立嫡长子为太子的一贯做法。这一点点的改变，不仅仅会引起李建成的不满，导致兄弟残杀，也会引起社稷的不稳。

　　如今，李渊得平衡一下三兄弟的关系了。立谁当太子，都不好，怎么办呢？分家吧。李渊让李世民去东都洛阳，在那里弄个小政府，你管一摊子得了。大唐的皇帝，还是留给太子李建成吧。

　　李世民倒是愿意，唐军中很多人都是他的手下，离开了都城，就可以放手把这些人组织起来了。但是，李元吉他们可不愿意李世民去洛阳，于是他们又在李渊面前说坏话，让李渊改变了这个主意。

　　接着，李建成和李元吉开始分化李世民的力量了。他们将著名的"房谋杜断"即房玄龄和杜如晦赶出了李世民的亲王府，又借口突厥入侵，将李世民手上的军队给调走。没左膀右臂，又没了军队，李世民该怎么混啊？

就在这时，李建成竟然喊老二李世民去喝酒，说是李元吉请客。在酒席上，李建成倒是很厚道，给李世民以及他们的小伯父淮安王王神通倒酒。只是李世民不太喜欢喝酒，就随便喝了几口。这一喝下去，李世民突然身体大动，并且昏迷了。幸亏王神通在那里，他知道有问题，恶狠狠地瞪了李建成一眼，把李世民扶回家了。事后，李建成才知道，李元吉在李世民的酒中下毒了。毕竟是兄弟，李建成总觉得有点不太好。

李世民命大，没被毒死。这下子，李世民觉得，他尽完了兄弟情分了。接下来，他要做的就是直截了当地结束这场争斗了。

军人搞政治，向来都不是软软绵绵的。

武德九年六月初四，玄武门。

一群黑影出现在门口，守门的常何将军还没明白是怎么回事，就被控制了，守卫士兵立即被这群黑影所取代。月光下，一个黑影露出了脸，那人就是李世民，他的脸色凶狠，似乎是大战即将来临。接下来的战斗，可不是一场大战吗？这是李世民心理斗争多年的结果。不下定决心，他是不会埋伏在这通往皇宫的要塞之处的。

天色渐渐明亮了。李建成和李元吉骑着马，慢慢地向玄武门走来。他们要通过玄武门，去拜见老爸李渊。

李建成和李元吉慢慢地近了，近了，离玄武门就几步路了。突然间，李世民出现了。李建成、李元吉见势不妙，立即掉头逃跑，李世民紧追而去。

就在这个瞬间，一场关乎亲情的心理较量开始了。李元吉拿出了弓箭，却无法拉开，不是他力气小，是他无法预料射出箭的后果。李

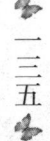

世民呢，也拿出了箭，他比李元吉强，镇静地将箭射向了李建成，并且一箭使之毙命。只是，射完这一箭后，他也虚脱了，一下子从马上掉了下来。

接下来的局面，自有李世民骁勇善战的手下代劳了，尉迟敬德将李元吉给结果了。打扫完战场之后，尉迟敬德直接去见李渊，将武器架在皇帝李渊面前，把他给软禁了。

这年八月，李世民如愿以偿地当上了皇帝。李渊呢，当了太上皇。

宋元，一个太富有，一个太野蛮

宋朝人最有钱，元朝人最野蛮。

赚钱的人，都比较平和，不会动不动来横的。所以，宋朝的皇位之争，仅仅是赵光义的一斧显得有点野蛮而已。而元朝的汗位之争，不见血是不罢休的。

宋朝，因有钱而惹祸

最适宜老百姓生存的朝代，是宋朝。那时候，虽然官吏有点喜欢贪污，但是，老百姓生活水平较前朝高，吃穿不愁。

老百姓活得最窝囊的朝代，也是宋朝。那时候，从上到下，最喜欢干的事情，是给钱消灾。金国、辽国、蒙、元，都对宋朝敲诈勒索。宋朝的愤青最多，打的败仗也最多。

手段高明的黄袍加身

公元927年3月21日，洛阳夹马营传来了一声啼哭，一个男孩子诞生了。此时，正是唐朝灭亡后的第二十二个年头，天下纷纷扰扰，唐朝各地的藩镇军事势力互相争斗，连皇位也是"你方唱罢我登台"，走马灯似的换人。

很幸运，这个男孩子生于一个军人家庭。在那样的乱世，军人好比现如今的公务员，待遇好，地位好，不愁吃、不愁穿。但也很不幸，这个孩子患有先天性黄疸型肝炎，小命能活多久，谁都没数。也亏这个孩子生在富裕人家，没有被遗弃，慢慢地长大了。

这家人做梦都不会想到，这个病恹恹的孩子将会成为一代帝王。

他，就是赵匡胤。

幼小的赵匡胤在疾病的阴影下，生活了十年。十年间，他不断地与病魔抗争，寻找生路。似乎是命运的垂青，在10岁那年，他面临了一次重生——他的黄疸型肝炎竟然不治而愈了。

可是，就在此时，中原大地又发生了一个军事事件。似乎也是命中注定，这件事情，代替了赵匡胤机体上的疾病，像"黄疸型肝炎"一样，紧紧地嵌在赵匡胤的心里，折磨了他的一生，乃至影响了赵匡胤的所有后代。

这件事情就是：在这一年，石敬瑭为了当皇帝，将幽云十六州之地割让给了契丹民族。

幽云十六州是中原阻挡契丹族的天然屏障，易守难攻。中原大军只要死守住这十六州，就可确保中原大地的和平。数百年来，契丹民族苦苦战斗的目的，就是突破这个屏障。现如今，石敬瑭拱手相让，就等于将中原大地的大门打开了。此后的几百年，中原的王朝再也没法收回这幽云十六州。而契丹乃至后来的蒙古少数民族，攻打汉族地域，即可长驱直入，不费吹灰之力。

建立宋朝的赵匡胤，把国家治理成了史上最富有的国家。但"幽云十六州"就像鱼刺一样，深深地卡在他和他的后代的喉咙里，成了北宋永远的痛。甚至于北宋的灭亡，也是因为"幽云十六州"被割让。

此时，赵匡胤的家人没有想到这么多大事。他们高兴的，是因为

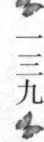

他们的大儿子赵匡胤的疾病不治而愈,而且,越长越结实。很快,这个孩子就生得高大伟岸,一表人才。

和所有的富裕家庭孩子一样,赵匡胤也是整天无所事事,吊儿郎当的,根本就是一个混混。

直到有一天,一场兵祸降临到了他家,才彻底地让这个小混混成熟起来了。

此事发生在公元946年,当时赵匡胤20岁,已经是结婚两年的成年人了。但是,他的生活却并不平静。契丹族的大军一下子就攻到了他家所在的汴梁城。

赵匡胤虽然保护家人免于灾难,但是,他家的房屋、财物被契丹族一扫而空,赵家也一下子从殷实之家变成了贫下中农。该怎么办?父亲在外当军官,家中就数赵匡胤年长了,他得为家庭找到经济来源。

这时候,他遇到了一个和尚,在这个和尚的指点下,他做出了一个改变他一生的决定。

在城外一座寺庙里,一个叫空空大师的人闭着眼睛,摆出一副世外高人的样子,对经常来骚扰他的赵匡胤说,去北方吧,那里有你发展的机遇。赵匡胤当时没在意,北方经常打仗,去那里不是去找死吗?但后来一想,也对,他老爸就是靠打仗发家致富的,他也不妨去军队闯荡闯荡,凭他一身的功夫,是不怕坏人欺负的。不是说,越乱的地方,机会越多吗?于是他决定了,去北方。

赵匡胤告别了家人和妻子,特别与比小自己10岁的弟弟赵光义握手告别。和他一样,赵光义虽然患先天性黄疸型肝炎,也是神奇地痊愈了。赵匡胤外出，家里的事情，就得靠弟弟赵光义照料了。

就这样，赵匡胤开始北方的游历，或者说去北方从军去了。

在家千日好，出门一时难。来到北方，赵匡胤才知道洛阳那个和尚不是什么好鸟，给自己指引的道路，是多么艰难。

北方不比中原地区。繁华，那是见不到的，倒是漫漫黄沙，四处肆虐，吹得人都喘不过气来。而且，干任何一件事情，都得用钱。譬如，住店，吃饭，这样简单的消费，价格都高得惊人。赵匡胤来北方时，家里刚刚遭遇洗劫，盘缠本来就带得不多。再加上他不会理财，兜里的钱也就花得差不多了。

他投靠了很多在北方的亲戚，希望能谋个职位，但是，都被委婉地拒绝了。这时候，他才知道世态的炎凉。于是他暗暗发誓，一定要混出个好模样来。

赵匡胤的行为和现在一些大学生在北京找工作很类似。有钱，就拼命地玩，对一些职位低、待遇差的工作还看不上。直到兜里的钱用光，家里也不支援的时候，才草草地找个工作，以应付"经济危机"。

只是当时的北方，没什么太好的岗位可供选择，倒是招兵的单位不少。为什么呢？那时处于五代十国时期，经常改朝换代，打仗非常频繁。而打仗，就得需要兵啊。

赵匡胤定眼一瞧，可不，政府正在招兵。估计着急要用兵，所以给出的待遇比较好。二十来岁的赵匡胤一看，专业对口，自己老爸就是一名军官啊，他多少遗传了点军事常识。当兵，他还是比较拿手的。

于是，赵匡胤当上了后汉的一名小兵。此时是公元948年。

赵匡胤不知道，他的这次误打误撞，成了他戎马一生进而建立宋朝的开始。

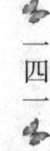

他所参加的部队主管郭威,和他的老爸赵弘殷有些交情。郭威呢,还是比较给赵弘殷面子的,于是让赵匡胤当了他的亲兵。可别小瞧了亲兵这个职位,这和现在的勤务兵、警卫员类似,别的士兵在打仗,当炮灰,而这些亲兵呢,则天天陪在首长的身边吃香的喝辣的。而且,因为首长的信任,这些亲兵升官发财的机会也很多。

郭威,和当时代的其他军阀不同,是个有勇有谋的人才。赵匡胤能够天天跟随这样的老师学习,也算是三生有幸了。在公元950年,即赵匡胤跟随郭威的第三个年头,郭威不甘心被后汉的隐帝割掉脑袋,就起兵造反了。很快,在阳光灿烂的一天,郭威也当上了皇帝,建立了后周。

这天,也是赵匡胤一生最灿烂的时刻,他从亲兵被破格地任命为副营级干部。当时,他刚刚24岁。此时担当这样高的职位,也是理所当然的。

也就在当天,赵匡胤又接受了另一次任命,级别从营级降到了连级。但是,赵匡胤还是兴高采烈地去赴任了。为什么呢?因为第二次给他任命的那个人,也是一个超牛的人。这人到底是谁呢?

他就是后周皇帝郭威老婆的侄子,名叫柴荣。郭威的儿子都被后汉的隐帝杀光了。柴荣,也就顺理成章地成了郭威的干儿子。这样一说,大家就明白了,柴荣,那是未来的皇位继承人啊。当然,柴荣也仅仅是在这一天才升格到这个位置的,巴结他的人还不多。所以嘛,在他的手下混,相比较在皇帝的手下混,那是容易许多。

刚进入柴荣掌管的禁军的时候,赵匡胤只能忠实地履行他这个小连长的职务,没事喂喂马,交交朋友。

和那些以打仗为生的将领们不同,赵匡胤在家的时候,是个混混,各种玩意儿都懂。而且，他还离家闯荡过，社会经验丰富。在人际交往方面，他也比那些只知打仗的将领们显得更加游刃有余了。而且，赵匡胤以前就是后周皇帝的亲兵，有着通天的本领。现如今，他正和未来的皇帝柴荣攀上了关系，虽然级别低点，但敬仰他的人还是不少的。

这几年，大家看到这样的一幕。在京城的酒馆里，一堆中高级军官围在一个小军官的周围，为小军官斟酒、夹菜，听小军官吹牛。吃完饭，小军官嘴巴一抹就走人，而这些级别高的军官们则争着去付钱。

就是在此时，赵匡胤结识了石守信、王审琦、杨光义、李继勋、王政忠、刘庆义、刘守忠、刘延让、韩重赟等一大批人。当然，他的弟弟赵光义，也被他设法调到了身边。赵匡胤是个厚道人，有官做，哪里能忘记了亲兄弟。

赵匡胤喂马、交朋友的生活，在公元954年发生了彻底的变化。

原来在这年，后周的皇帝郭威死了，作为他干儿子的柴荣，被推举为继承人，顺利地当上了皇帝，是为周世宗。赵匡胤呢，自然跟着升官发财。更让赵匡胤高兴的是，军人最期盼的打仗机会出现了。

原来，郭威建立后周，代替了后汉。而后汉的创始人刘知远的弟弟刘崇，则乘机在太原建立了北汉。一直以来，后周与北汉虽然互相打仗，但保持了相对的平衡。郭威去世，柴荣继位的时候，刘崇觉得是个好时机。想当年，他的北汉就是趁后汉改朝换代的时机建立的，现在后周局势不稳，他得有所动作啊。可北汉的实力太小，刘崇只得联合辽国一起去攻打后周。

柴荣年少气盛，他刚继位，觉得该干点事情出来。于是，他毫不示弱，带着部队就冲向了汉辽联军，两军相遇于高平。但是，周世宗哪里知道，汉辽联军不是他想象中的纸老虎，厉害着呢。而且，柴荣的手下还不

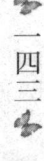

团结，他的右翼部队竟然投降了汉辽部队。

失去了右翼，柴荣的冲锋部队顿时受困。

汉辽军队的箭就在他头上嗖嗖地飞。柴荣能不着急吗？他可不能就这样把小命给丢了，当上了皇帝不容易，最起码要享受几年吧。

"皇帝，快看啊。"就在周世宗柴荣着急上火的时候，这样的一幕让他顿感清凉。他的部队有救了。

原来，一支一百多人马的分队正向汉辽军队冲去。面对汉辽最精锐的部队，这支分队竟然杀出一条血路，径直冲向了汉辽联军的指挥部。

真是猛人啊！柴荣不由得大声赞叹，而刚刚受挫的后周军人也顿时军心大振。

自杀性的攻击，那是最厉害的。汉辽军队做梦也没有想到，他们的指挥部会面临着冲击，坐镇指挥的将领们纷纷逃命。没了指挥，汉辽部队就像无头苍蝇一样，乱成一片，很多士兵都乘机逃跑了。

这时，后周军队也发现汉辽军队左翼的一个破绽，像蚊子一样狠狠地盯了上去。后周军队一下子掌握了主动，北汉的皇帝刘崇只带着几百士兵跑回了太原老窝。

话说那个敢于实施自杀性袭击的猛人是谁啊？赵匡胤是也。

赵匡胤当时主要负责柴荣的警卫工作。但是，看到汉辽部队的猛烈攻击后，他突然感觉热血沸腾。这种沸腾，或许就是他骨子里的战争基因带来的。毕竟，赵匡胤生于军人世家。在这个时候，孬种军人选择的是逃跑，像赵匡胤那样天生的军人，选择的是猛烈地攻击。

他拉起一匹马，带着手下的一连士兵以及平时交结的朋友，以迅雷不及掩耳之势，冲向了汉辽军队的指挥部。两军相遇，勇者胜。况且赵匡胤还有一身的武艺，他的一百多人的连队竟然将对方的大军冲得七零八散。

在这场战斗中，赵匡胤左臂中了一箭，鲜血直流。但是，赵匡胤没有下火线。轻伤不下火线，优秀的军人都是这样的。赵匡胤更得表现出色。为什么呢？柴荣正在看着呢，他得好好表现啊。倒是柴荣怜惜这样的猛将啊，亲自下令，让这个小亲随回去休息。

这次战役，因为发生在高平这个地方，被称为高平之战。刚刚继位的周世宗柴荣，也因此打出了威风，他是骑着高头大马，在都城人的欢呼中回去的。当然，柴荣没有忘记赵匡胤的功劳，他把赵匡胤破格提拔为禁军的将军。这年，赵匡胤才27岁。

从小卫兵，升为连长（副营长），赵匡胤用了两年。从小连长升为将军，赵匡胤用了三年。这样的升官速度可与火箭相比了。

其实，赵匡胤升官，并不是他得到的最好奖赏。对于他以后篡夺皇位最有利的是周世宗柴荣的另一个政策。

话说柴荣打完了高平一仗之后，不仅仅提拔了那些作战勇敢的人，同时也感觉到，他的军队里面有很多问题。那么多的将领和士兵竟然临阵逃跑，看来，他得好好整顿了。整顿军队，可是件大事，得找可靠的人去做。找谁呢？柴荣想到了赵匡胤。因为这段时间里，他的脑海里全是这个27岁青年将领的影子。

可周世宗柴荣哪儿知道，他这是在养虎为患。

就这样，整顿禁军的大权落到了赵匡胤的手里。所谓"整顿"，其实和安插亲信意思是一样的。赵匡胤巧妙地利用这次整顿，将自己原先在酒馆里喝酒的朋友全安插进去了。而且，赵匡胤比较厚道，和其他的禁军将领能够打成一片。所以，禁军俨然成了赵匡胤的个人军队。

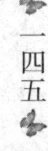

在乱世，拥有自己的武装，那是相当重要的。这些禁军，成为日后赵匡胤谋求皇帝宝座的班底。

但赵匡胤的意图，周世宗柴荣是发现不了的，因为赵匡胤这个人看上去太厚道了。另外一方面，此时的赵匡胤发展亲信是真，至于取代柴荣当皇帝的心思，可能还是没有的。禁军让赵匡胤整顿得非常好倒是事实，这支部队打起仗来嗷嗷叫，成了后周军队精锐中的精锐。

柴荣呢，也没闲着，准备实现自己统一天下的抱负了。只是当时的天下小国林立，他统一天下的道路漫长而又曲折。在公元955年，即柴荣当皇帝的第二年，也是高平之战的第二年，柴荣就弄出个"平边策"。这就是后周政权统一全国的一个方针，具体实施这个政策，就得靠赵匡胤这些人。

如果柴荣、赵匡胤组合一直延续下去，统一全中国，是大有希望的。但是，中间出现了变故。

公元959年，柴荣带着士兵，准备将幽州等北方重镇收回来。在赵匡胤10岁那年，石敬瑭将幽云十六州割给了契丹。自此之后，契丹等西北彪悍民族进攻中原就没有了屏障，可长驱直入。柴荣清楚地看到了这一点，所以，在全国没有统一之前，他得先解决这个问题。

赵匡胤呢，也清楚地知道幽云十六州的重要性。于是他追随着柴荣，也走在了进军的路上。

可是，柴荣却在这个关键的时刻病倒了。

在病榻前，柴荣发现了一个小木条，上面写着"点检为天子"几个大字。这分明是一份造反的预言。谁在阴谋造反？病中的柴荣心惊胆战，他得调查清楚。生病的人最怕惊吓了，柴荣虽然算得上一位男子汉大丈夫，但别人要来抢他的位子，他也不能不急。这事，还不能靠赵匡胤这些能臣帮忙，因为这些能臣的嫌疑最大。最终，柴荣只好自己拖着病重的身子调查。

话说这木条是谁弄的啊？其实，这是李重进搞的。这李重进，是后周开国皇帝郭威的外甥，他很早就掌握了禁军。但是，郭威的女婿张永德，也被柴荣给提拔进了禁军，当了禁军的头领。张永德这小子比较飞扬跋扈，李重进看了不舒服，就弄了个造反的证据，以嫁祸于张永德。

紫荣的病加重了，再去打仗，已是不可能的了。于是，大军班师回朝，幽云十六州，就这样失去了回归的机会，赵匡胤也只好无奈地看了一眼这个"离家的孩子"。

回到都城之后，柴荣预感到自己活不久了。他加紧行动，得在自己临死之前，将军队牢牢地掌控在朝廷的手里，不能让张永德这小子有可乘之机。当然，对李重进和赵匡胤也不得不防。于是张永德和李重进都被调到了外地，离开了他们的老部队。至于赵匡胤，柴荣还是比较信任的，让他当了禁军的头儿。但这也只是名义上的，调动军队这样的事情，还得过几道手续，赵匡胤是无权干涉的。

安排好了这一切，柴荣死了。他留下了7岁的儿子柴宗训和符太后这对孤儿寡母。

这年，赵匡胤30岁。他能甘心跟着一个7岁的娃娃混吗？

也就是在这时，一个叫赵普的谋士来到了赵匡胤的居室。赵普何许人也，他可谓赵匡胤的大脑，赵匡胤的很多策略都出自于他。"半部论语治天下"，说的就是此人。

赵普说：

在乱世，有兵权才有出路。现如今，赵匡胤你兵权被限制了，混

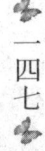

着还有什么劲。更重要的是，朝廷有那么多大臣，他们都可以压着你。在外，李重进和张永德手里也有军队，哪天他们造反，你赵匡胤只能成为牺牲品了。所以，与其守着一个孤儿寡母统治下的后周，不如造反，痛快点。

怎么造反呢？赵匡胤急切地问，他不造反则已，一造反，那就得胜利啊。

赵普接着说：

你的故旧和亲信充斥于军队的方方面面，你振臂一呼，哪个人不听你的。现如今，你要想办法当上军队的主帅，这样国家也就被你控制了。至于后周的孤儿寡母是否愿意将军权交给你，那就得看天下形势了。如果大兵压境，国家危难，她们不还得靠你去打仗吗？

赵匡胤于是心领神会。

公元960年的大年初一，小皇帝正在宫殿里接受赵匡胤的朝拜。突然间，士兵来报，辽国又来进犯了，同时边疆的节度使也纷纷传书报告敌情。顷刻间，在场的那些文臣们乱作一团，他们手无缚鸡之力，除了害怕，哪有别的办法。7岁的小皇帝此刻也钻到了老妈符太后的怀里。

看到这一幕，赵匡胤脸上露出了一丝不为人察觉的微笑。他对符太后说，我就是打仗的，出现敌情，我就得上。只是，我现在手中没兵。符太后和大臣们一看，战功卓著的赵匡胤请战，哪有不答应的道理。他们立刻说，马上把部队都给你，你带着去把敌人打败吧。

赵匡胤又说了，京城的这点部队不够用，在外地，李重进和张永德手里还拥有不少军队。符太后二话没说，签了个文件，把这些军队的领导权全部交给了赵匡胤。

大年初二，后周的那些军队就全都集结起来了，跟着赵匡胤"打仗"去了。赵匡胤带着这些部队，优哉游哉地走了很长时间，才走到了开封以西的陈桥驿。看到驿站，赵匡胤就不走了。他说累了，一走进驿站，就去睡觉了。

倒是赵普、赵光义等人，忙着在各个部队串联。他们说："当兵打仗，不就是为了获得赏赐吗？现如今，皇帝才7岁，我们就是打胜仗了，皇帝也记不清楚啊。所以，干脆，我们重新立一个皇帝，再去打仗也不迟。"

本来军队里就满是赵匡胤的亲信，这些人这么一煽动，大家就群情激奋了。在正月初四那天，众多将校冲进了赵匡胤的住所，将一件黄袍披在了赵匡胤的身上。赵匡胤呢，还在那儿一个劲地叫唤，说不能忘记周世宗柴荣的恩德；还说外敌没打，他就在这里闹着当皇帝大逆不道之类的，等等。

但是，"万岁"声不断，赵匡胤也就只好默认了。

话说赵匡胤当上了皇帝，建立宋朝，定都开封。这些自不待说。

这日，赵匡胤召见了他的那些亲信。这些亲信还是把赵匡胤当老大，大家在朝堂之上乐呵呵地，歪歪扭扭地坐在座位上，就差与赵匡胤拍肩膀称兄弟了。赵匡胤一看，这哪儿行？毕竟他已经是皇帝了，这江山改姓赵了。

于是，赵匡胤就对那些朋友们说，大家过来，看看这个文件。一听老大召唤，这些人就站起来，凑在一起看赵匡胤递过来的文件。赵匡胤呢，一个人独自走了，接着，来了一群侍卫，悄悄地将那些椅子撤走了。这些人明白了，赵匡胤这是在敲打他们啊。

整顿秩序，这仅仅是表面上的东西，关键是这些人手中的兵力。

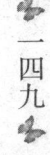

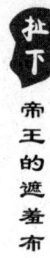

这些人哪天不高兴，带着部队造反，就够赵匡胤喝一壶的了。要解决这个问题，赵匡胤还得问赵普。赵普就对赵匡胤说，这事得赶早处理。现如今，这些将领们和皇上你交情还不浅，大家之间没有隔阂。在这个时候，你夺他们的兵权，可以得到他们的理解，而且，非常之容易。如果你们之间出现缝隙，夺兵权就没那么容易了。

于是，赵匡胤还是采用那种方法，就是和一起造反的兄弟们喝酒。酒过三巡，赵匡胤开始说话了。他说，兄弟们，我苦啊。

大家都不解了，当了皇帝了，荣华富贵享之不尽，还苦个啥子啊？

赵匡胤说，你们不知道啊，我天天晚上睡不着觉，我认为我这个皇位得来太容易了。

于是大家都说，你放心吧，我们不会抢你的皇位的。

赵匡胤定了定神说，你们，我是相信的。但是，你们的手下哪天也像你们当初一样，把黄袍穿在你们的身上，那就由不得你们了。

听到这里，大家顿时一身的冷汗。

赵匡胤说，你们老了，该退休了，就别把兵权握在手里了。

接下来大家都知道该怎么做，最后，这群兄弟和赵匡胤这个老大共饮了一杯酒，就散了。

第二天上朝的时候，大家都称病，说要回家休息，这个兵权，你赵匡胤看着办吧。

赵匡胤呢，没有亏待这些人，给每人都分了一块地，给了好多金银财宝，还有名马、美女之类的，让他们后半辈子好好享清福。这些人也知足了，没有什么非分之想，安心地当寓公去了。

烛影斧声为哪般

公元966年，这已经是北宋王朝经历的第六个春秋了。正是在这年，北宋的宫殿来了一个女人，正是这个女人，让赵匡胤和赵光义这哥俩之间的矛盾加深了。位高权重的人之间的斗争，稍微不慎，就可以乱了国政，甚至要了对方的性命。

瞧，她来了。

她是跟着后蜀的投降队伍来的，这支队伍囊括了后蜀宫殿里的一切，珍宝、美女，甚至后蜀的皇帝。在开封城下，赵匡胤的弟弟——此时已被封为晋王赵光义，正密切地注视着这支队伍。和他的哥哥赵匡胤一样，他不好女色，不贪财物，眼前的这一切，并没有引起赵光义的兴趣。

突然，赵光义的眼睛亮了。因为他见到了她，她真的太漂亮了。她眼波流转的一瞥，已经把赵光义这个职业军人的魂勾走了。她身上沉淀的那种高贵气质，让长期处于厮杀中的赵光义感到了一种别样的感觉。

于是他下定决心了，把这个女人搞到手！

其实，这并不是难事。这个国家的一切，都是他的兄长赵匡胤掌握着的。别说一个女人，就是一百个女人，赵光义说要，厚道的赵匡胤也会送给赵光义的。想到这里，赵光义美美地回到了家。

事情往往都不如想象得那样好。十拿九稳的东西，往往最容易出岔子。这不，赵光义正准备对兄长赵匡胤开口的时候，他竟然看见，那个女子正站在哥哥的后宫门口。

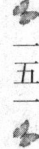

"嗡"，赵光义脑子乱了。敢情赵匡胤已经将这个女人给占有了。他，还是晚了一步。

北宋不比唐朝。已经上了赵匡胤床的女人，即使赵匡胤愿意送给赵光义，赵光义也不能接受，这有违伦理。单就这一件事，就可以让北宋的朝纲乱掉，国家大乱。北宋，那是纯种汉人的政权，儒家的文化氛围是非常浓厚的。

赵光义只好把自己的话咽下去，他悻悻地离开了。从此以后，赵光义就算与赵匡胤结下了梁子。他痛恨兄长赵匡胤，都四五十岁了，还那么喜欢女色，把美女全都招进宫殿。就连自己喜欢的女人，都无法弄到手。他甚至怀疑，他跟着大哥打天下的意义何在。

其实，赵光义是冤枉赵匡胤了。有好吃的，厚道的赵匡胤从来都是留给弟弟吃的。只是，作为一国之君，难免有想不周到的地方。遇见一个美女，难道还得为兄弟预备着。而且，赵光义已经有媳妇了，他的媳妇和后周的符太后可是亲姐妹。想当初，这门亲事，那还是赵匡胤给定下的。

这个搅得赵光义心烦意乱的女人到底是谁呢？

她叫花蕊夫人，原是后蜀国王的妃子。美貌一流，才气逼人，而且气质高贵。她的诗歌流传至今，现在还有文学院的老学究在研究呢。这样的女人，天生就应该住在宫殿里的。

四十多岁的赵匡胤，正是年富力强的年龄，他哪里拒绝得了这样的一个奇女子。

赵光义这个人，在为人处世方面，比不上他的哥哥赵匡胤。这人，喜欢杀人，一不高兴，就把对方给宰了。当初，为了得到花蕊夫人，他就开了杀戒。后蜀的皇帝孟昶投降宋朝后，赵匡胤给他封了个秦国公，算是对他失去国家的一点补偿。但是，赵光义呢，将这个秦国公请去喝酒。孟昶不敢不去，可喝完酒回到家，就一命呜呼了。傻瓜都知道，这是赵光义在酒里下了毒。

赵光义忙完这一切，才知道，让哥哥赵匡胤抢了先，梦中情人花蕊夫人就这样失去了。不难估计，嗜杀的赵光义此时对自己的兄长已经产生了杀心。当然，这仅仅是猜测而已。倒是在这时，发生了另外一件事，像是上苍在眷顾这位情场失意的人。

大家不会忘记赵普这个人吧。赵匡胤决心造反、黄袍加身，乃至"杯酒释兵权"，哪一项都少不了他的功劳。赵匡胤建立北宋后，他理所当然地当了宰相。可在这时，赵普的地位开始动摇了。

在公元970年，赵匡胤风雪夜探望赵普的时候，竟然发现赵普家中有很多的金子，而后，赵普为了自保，与其他朝廷重臣结为了亲家。这不仅违反了体制，而且有架空皇权的意思，赵匡胤当然不怎么开心。

而后，那些所谓的大臣们，像是事先商量好了一样，一个劲地弹劾赵普，赵匡胤倒没有怎么放在心上，但赵普却从赵匡胤的眼里读出了不信任。继而，赵匡胤设立了一个左相的职位，分离了他的宰相权限。

怎么办？赵普着急了，他得考虑后路了。

这是很多幕僚们常见的心理。他们辅佐老板，其实是为了获得自己的利益，实现自己的抱负。当被辅佐的老板完蛋了，或者辅佐的老板不信任自己的时候，这些幕僚大都选择换一个老板。原来的老板，往往成了他换新老板的跳板，于是出卖原老板也在所难免了。

公元983年，赵普不愿意看到的一幕终于出现了。他的宰相之位被罢免了，他成了一个地方官。

赵普的心，彻底地死了。看来，他真的得另投主子了。

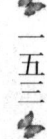

就在这时候，精明的赵光义来到了赵普的家中。赵普眼睛一亮，这个人可能就是他的新老板。于是，他说起了那件尘封已久的往事，这就是金匮（金盒）中藏的秘密。

原来，太后杜夫人死之前，看到赵匡胤的儿子还小，如果赵匡胤不测，其子继承皇位就会造成"孤儿寡母"掌握国家的情况。想当初，赵匡胤就是从后周"孤儿寡母"手中夺得皇权的。杜夫人不愿意看见这个现象重演，就让赵匡胤把皇位的继承人改为弟弟赵光义。赵匡胤呢，想到国家尚且不稳，需要弟弟这样人来掌控，而且母亲大人又发话，他就答应了。

这件事情的记录者，正是赵普。

赵光义一听，心里顿时兴奋起来。现如今，多少年过去了，赵匡胤的两个儿子赵德昭、赵德芳已经不是小孩子了。赵匡胤死后，这两个孩子就可以继承皇位，无须他这个弟弟帮着掌控国家了。

赵光义兴奋的是，现在他有了当皇帝的可能了，那个金匮中的密件就是依据。至于赵匡胤是否愿意将皇位传给他，这并不很重要。他，可不同于厚道的赵匡胤，最喜欢的就是鲜血，哪怕是兄长的鲜血，他也要舔舐。

想到这一切，他笑了，他似乎看到了金闪闪的龙椅以及美丽的花蕊夫人。

公元976年，50岁的赵匡胤准备攻占北汉了。北汉政权虽然不大，但是却让赵匡胤头痛至今。想当初，后周时期，赵匡胤就与北汉政权数次征战，都没有彻底将其歼灭。这次，终于轮到他实现愿望的时候了。

赵光义则竭力劝说哥哥赵匡胤一定要亲征。只有赵匡胤这个皇帝去了，士兵打仗才有劲。赵匡胤听弟弟这么说，也觉得有理，就没有犹豫，准备出征了。再说，他好久没有征战了，手也痒痒了。可是他哪里知道，赵光义之所以劝说赵匡胤出征，是有自己小算盘的，只是这个算盘也太狠毒了点儿。

赵光义从赵匡胤手中接下了都城的大权，默默地看着哥哥的军队走远后，他立即跑到了哥哥的宫殿。他心里还惦记着哥哥后宫中的那位美人呢。

没错，就是花蕊夫人。

哥哥走了，宫殿中自然赵光义权力最大。他径直走向了花蕊夫人的宫殿，为了这一天，他等了好久了。

"你不会想到，我会来吧。"赵光义对花蕊夫人说。

"没有想到，但我有一件事想问晋王（赵光义）您。"花蕊夫人说。

"问吧。"他眼里冒出了淫光。

"我的老公，后蜀的皇帝孟昶是怎么死的？"花蕊夫人问。

赵光义没有想到花蕊夫人提起这件旧事。孟昶，是他为了得到花蕊夫人而毒死的啊，但他不能这么说。不过，耍流氓，他是可以的。没多久，他就把花蕊夫人抱上床了。

完事后，他还厚着脸皮，让花蕊夫人赋诗一首。

但接下来的一件事情让他很是吃惊。

从宫中传来了消息，花蕊夫人死了。

赵光义吓了一跳，不就欺负了她一次嘛，用不着自杀吧。但是，嫂子死了，他还得报告哥哥的。

话说赵匡胤在外领兵打仗，听说最宠爱的花蕊夫人死了，心里非常痛惜，立即回到朝廷。赵匡胤一看花蕊夫人的那首诗，就明白了其中的内幕。他立即命令老婆宋皇后带着自己的儿子们过来，当场立了

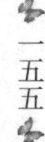

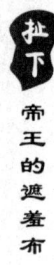

儿子赵德昭为太子，并且写下了诏书。

当天晚上，大雪纷飞，赵匡胤召见弟弟赵光义，他要和弟弟说个清楚。

"你为什么杀嫂子？"在烛光下，赵匡胤的脸色非常难看，似乎是病人。

"我没有杀。"赵光义狡辩。

赵匡胤不慌不忙地拿出花蕊夫人写的那首诗：

宠光无限妾深知，
恩义如天忍笑痴。
隆杀贵贱从远来，
厚我惟余一首诗。

花蕊夫人通过这首诗歌，将一切的一切，都告诉了她的第二任丈夫赵匡胤。

列位看官，这是首藏头诗啊。每句的第一个字连起来为"宠恩隆厚"，这是花蕊夫人对赵匡胤的感谢；而每句的第二个字连接起来，就是"光义杀我"，这无疑将赵光义在他走之后的行为完完全全地揭露出来了。

雪仍在下，赵匡胤的那个房间内似乎有点异常。

只见里面的烛光闪了一下，继而传出了斧子落地的声音，赵匡胤说了一句"你好好干吧"。继而，一切归于寂静。接下来，赵光义走出来了。他表情平淡地对侍卫们说，太祖（赵匡胤）驾崩了。

得知赵匡胤死了的消息后，第二天一大早，宋皇后慌忙带着儿子赵德昭去登基。但是，他们见到的却是赵光义端坐在龙椅上的情景。

他们晚了一步,皇位让赵光义抢去了。宋皇后知道自己的势力是远远对抗不了赵光义的,她悄悄地将宋太祖赵匡胤立赵德昭为太子的遗诏收了起来,然后对赵光义说:"我们母子的性命就托付给你了。"赵光义呢,也大言不惭地说:"别怕,我们共保富贵。"

赵光义登基的时间是公元 976 年,是为宋太宗。他当上皇帝的依据,无非就是赵普藏在金匮里的那个记录。赵光义知道自己这个皇帝合法性有点问题,所以,一当上皇帝,赵光义就天天接见各方官员,该封官的封官,该赏赐的赏赐。特别是赵普,被他从地方上召回来了,接着当宰相。至此,赵普倍感欣慰,他算一个成功的幕僚啊,因为他能够取信于两位君主。当然,取信于赵光义,是以出卖赵匡胤为代价的。

在当时,赵光义的皇位还有三个潜在的对手。这三人分别是赵光义同父异母的弟弟赵廷美、赵匡胤的两个儿子赵德昭和赵德芳。特别是赵德昭,那可是合法的太子。对于这些人,赵光义采取的是拉拢的策略。

赵光义让弟弟赵廷美当了开封的头头。在没当皇帝之前,他自己做的就是这个差事。赵光义这样安排,就是要告诉赵廷美,你别动歪脑筋,我接替哥哥赵匡胤的皇位,将来,你也接替我的皇位。这样一来,皇位在兄弟之间的传承,就显得合情合理了。

对于赵匡胤的儿女、赵廷美的儿女以及自己的儿女,赵光义都视如己出,大家都是皇子、公主,公平合理。

这样一来,就淡化了人们心目中的"父传子,子传孙"的皇位继承制度。

然而这仅仅是一个表象而已,赵光义早已经在心中定下了除掉他们的策略。

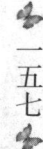

公元979年，忙完了国内的事务后，赵光义觉得该扩大国家的疆土了。北汉，这个顽固的国家，成为他的首选。北汉，在这个时候，似乎成了皇帝们的末路。后周皇帝柴荣、宋太祖赵匡胤似乎都在征伐北汉的途中出现变故，而后去世的。宋太宗亲征北汉，那也是抱着必胜的信心的。但他不知道，赵德昭、赵德芳这两个侄子，私下正准备造反呢。

原来，赵德昭手里拿着赵匡胤立他为太子的诏书。他曾经多次找到大臣们，让他们支持自己。但大臣们知道，赵光义的势力特别大，不是一般人能推翻的。弄不好，他们就掉脑袋了，都没敢答应。况且，赵光义继承皇位也有个文字性证明，即赵普藏在金匮里的记录。

赵德昭只能等待时机。

现在赵光义亲征，他们觉得可以利用这个空隙，顺利地将叔叔赵光义从皇位上推下去了。为此，他们准备了好久。但是，却因为赵光义的一句话，他们的准备都白费了。

话说这赵光义既然决定出去亲征，能不处理好朝廷内部的矛盾吗？他知道赵德昭、赵德芳这两小子有点不老实，把他们留在都城，怎么能放心？于是他说，这次出征，要带着这两个侄子历练历练。满朝大臣都觉得这个主意不错，赵德昭、赵德芳两兄弟也无法拒绝。因为，一旦拒绝，大臣们都会指责他们贪生怕死了。

但是，这两兄弟，天生就是太宗赵光义心中的定时炸弹，就是带在身边，也会出乱子的。

在前线，赵光义偶然一次没有出现在大家的视线里，那些将领们就叫嚷着，太宗不见了，赶快让赵德昭做皇帝吧，国不可一时无君啊。就在大家准备给赵德昭穿黄袍的时候，赵光义回来了。他能不气愤吗？

就一个上厕所的工夫，别人就盯上了他的皇位了。看来，得采取狠毒的手段了。

此次征战回去之后，赵光义就将赵德昭逼得自杀了。赵德芳呢，也在公元981年，莫名其妙地死了。

赵匡胤两个儿子，就这样被赵光义给解决了。

接下来，又该赵普出场了。他是赵氏皇族的主脑，赵匡胤、赵光义这两个皇帝所做出的许多事，都是采纳了他的主意。他说，虽说这赵廷美不是大老婆生的，但按照你当皇帝之后的安排，那是第一继承人啊。万一你有个三长两短，担任都城开封头头的赵廷美将都城一封锁，就自己当了皇帝。想当初，赵匡胤就是传位太不小心了，才让你钻了空子，你可不能让赵廷美再钻了空子了。

继而，赵普给赵廷美捏造个罪名，赵光义一道命令，就将赵廷美赶出了京城。赵廷美的儿女，也不再称为皇子、公主了。为此，赵廷美非常生气，在公元984年气疯了，也就死去了，时年38岁。

就这样，赵光义扫除了威胁他皇位的所有因素，他的儿孙可以顺利地继承宋朝的皇位了。但是，他生活就愉快了吗？他晚年生活得很凄惨，不时地梦到被他杀死的人。那些人，不是他的亲人，就是他所爱的人啊。不得已，他只得靠读佛书来寻求解脱。在临死的时候，他说了句话——不要再杀人了。

荒唐的元朝

和宋朝的懦弱不同，蒙古人是世界历史上最强悍的军人之一。嗜血的性格，似乎深入到他们的骨髓里了。

他们争权夺利，不杀了对手，基本上不能罢休。偏偏，他们谁也不服谁，经常刀枪相见，不打个你死我活，也绝对不罢手。一个国家出现两个皇帝，在元朝，再正常不过了。

因为野蛮，所以他们的有些做法，显得很荒唐。他们争权夺利的方式，就愚蠢了许多。

被争来抢去的权力

如果南宋没有遇见蒙古人，他们也许可以和金国对峙很久，甚至用经济的软手段把金国同化。但历史是不允许假设的。蒙古人，就在那个时候腾空而起了。他们生活在大漠的深处，长期忍受着干旱、风沙，还有饥饿。恶劣的环境，造就了他们不屈的生命力。同样，恶劣的环境，也要求他们不停地获得生存资源。于是，厮杀开始了。他们先是相互厮杀，甚至于父子相残。接下来，他们被成吉思汗统一在一起，开始了南征北战。中亚，乃至欧洲，被他们践踏在铁蹄之下。南宋，也成了他们的囊中之物。

每征战一处，他们都例行屠杀。杀人，成了他们的游戏。当然，在大汗之位的争夺中，他们之间的杀戮和阴谋，则暴露得更加彻底。他们不知道谦让，更不知道慈悲为怀，他们相信的是强者哲学。谁强，谁就是汗王。

于是，成吉思汗刚死，大汗之位的争夺，就开始了。

成吉思汗临死前说，他的汗位由窝阔台继承。这让他的另外一个儿子很不服气，此人叫托雷。托雷，那可是成吉思汗最疼爱的儿子。他本以为，成吉思汗会把汗位让给他。不料，被成吉思汗狠狠地踹了一脚，只当上了监国。

还好，蒙古的政权有个议会，主要负责重大事项的。成吉思汗的遗言，也得这个议会通过。结果呢，这几个儿子为汗位争夺了两年。这段时间，厮杀，那是免不了。汗位没定下来，倒是让托雷掌握了军权。

这时候，一个叫耶律楚材的人站出来了，他可是个不简单的人物。他原是契丹族人，但接受了汉族的文化，知道中庸之道，更知道"和为贵"。他在成吉思汗的几个儿子之间游说。终于，托雷答应窝阔台当大汗了。窝阔台呢，也知趣，说，干脆，这汗位我们一起坐，他提出了"合汗"的做法。此时是公元 1229 年。

托雷呢，说话算话，尽心地辅佐窝阔台。三年后，托雷因病死了。但是窝阔台的汗位也未必就能顺利传承到自己的儿子手里。这是因为，他们背后都有自己的一股势力在支撑着，这些势力是以部落血缘为纽

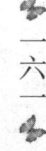

带的，异常稳固。

窝阔台死了，托雷的儿子蒙哥继承了汗位。为什么呢？因为蒙哥身后的势力占据了优势。

这一次的汗位之争，还算比较平静的。接下来的汗位之争，其激烈程度，出乎所有人的意料。

话说这蒙哥，主要功绩就是攻占南宋。他采取迂回包抄的方式，先攻占西藏（吐蕃）以及云南（大理），接着攻占四川，希望能将南宋围住。可是，在攻占四川的时候，蒙哥遇到了麻烦。四川怎么也攻打不下，蒙哥气得亲自上阵，不料，南宋的一支箭射向了他。他就一命呜呼了。

大汗死了，蒙哥的两个儿子忽必烈和阿里不哥忙着争夺皇位呢，哪有心思打仗？

当时，忽必烈在中原地区，阿里不哥在大漠地区。阿里不哥竭力地诱惑忽必烈去他那儿，只要忽必烈一去，他就把忽必烈逮住，然后自称大汗。但是，忽必烈的势力范围在中原，他不会轻易离开的。一时间，两人的使臣不断往来，互相打嘴仗。

这时候，那个谋士耶律楚材对忽必烈说，不要骂架了。谁先称大汗，谁就掌握了先机，这句话果然点醒了忽必烈。于是，在公元1260年，忽必烈就自称大汗了。他们和汉族不一样，当大汗，也没什么程序，挂个旗子，就可以了。忽必烈就在一个叫开平的地方登基了。阿里不哥一看，傻眼了，于是在当年的夏天，他在新疆阿勒泰的深山里召开大会，也自称大汗。这下子，一个国家就出现了两个大汗。

一山哪里容得下二虎，这两人打起来了。打来打去，忽必烈就不当大汗了，他建立了元帝国，跟汉族学，当皇帝了。当然，忽必烈这样做，损失也是很大的。成吉思汗的天下，那是有四个汗国，中原地区，仅仅是一个汗国。忽必烈仅仅占据了中原地区，对于别的地区，他只是嘴皮子上的管辖，那些地方的人，没一个服他。忽必烈一生都在和这些蒙古弟兄打仗。

大元朝，也就忽必烈这一代比较平和一点。此后的元朝，除了毁灭、破坏、厮杀，没别的事情。争夺皇位、汗位，那就更激烈了。甚至于，有些人将皇帝杀了，然后自己当皇帝。

也孙铁木儿本是忽必烈的重孙子，负责镇守边疆。公元1323，他跑到都城，和当时的英宗闹别扭。于是他就将英宗杀掉，自己当了皇帝，是为泰定帝。因为他控制了天下，根本没人与他作乱。

蒙古人信奉的就是谁牛谁就说了算。泰定帝厉害，最起码胆子大，皇帝都敢杀，那就他当皇帝吧。泰定帝过于信任手下的大臣，手下的大臣却和英宗的儿子勾结，又把他推下台了，随后就宰了他。此时是1328年。

同时，另外一帮大臣，又拥立泰定帝的儿子当了皇帝，是为天顺帝。大元朝又出现了两个皇帝。一个住在大都北京，一个就住在上都。这两个皇帝呢，又被权臣所控制，自己没一点自由。此后的大元，经常出现权臣控制朝政的现象。

元朝的皇帝，也像走马灯一样，这个刚坐热龙椅，又被别人赶下了台。在公元1308年到1333年，短短的二十五年时间，竟有八位皇帝

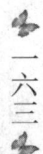

先后被罢黜。

总之，元朝的权力斗争，血腥味十足，但是，他们又缺乏智慧，连斩草除根的道理都不懂。杀了爸爸，留下儿子，儿子给爸爸报仇，这样的事情屡见不鲜。而且，蒙古人个个都是血性男子，涉及皇位争夺，不流血，那是不可能的。

外部势力打不败元朝，元朝就是在这些争权夺利中，慢慢地耗费元气。最终，这批蒙古人哪里来的，又回哪里去了。

元朝灭亡的真正原因

堂堂一个元朝，武力之强悍，前无古人，后无来者。但是，这个王朝仅仅维持了不到一百年，着实让人费解。元朝到底是怎么灭亡的呢？难道仅仅是内耗造成的？

元朝的蒙古人，是不折不扣的战争狂人。他们把南宋攻占下来之后，还不消停。接着，他们的战火又烧到了现今的东南亚、波兰和匈牙利。至于和平，他们没有概念，治理国家，那也不是他们的强项。他们只是善于征服。

在他们的领地，人们分为草原户口和农村户口。草原户口，那是享有特权的，而农村户口，则是专门供草原人剥削的。草原人杀死一个农村人，只需赔偿一头驴子就行了。当时南方的人，其生命，就值一头驴的钱，换算成现在的市值，也就几千块钱吧。如果一个万元户草原人，玩杀人游戏，可以杀好几个。百万富翁呢，那杀人与捏死一只蟑螂一样，只需花几个小钱，就可以了。

人的生命不值钱，别的方面，就不用说了。譬如，统治中国南方地区，元朝政府就在每村子派一家蒙古人，他们不干活，靠这一村人养活。村里的人，有好吃的，得先给这家人吃；有好玩的，也紧着这家人玩。不仅如此，更可恶的是，村里人娶媳妇，要把新媳妇先送到这人家。洞房花烛夜，蒙古人先替你享受了。

为了保持血统的纯净，很多人都会把新媳妇生出的第一个孩子摔死，第二个孩子才被用来传宗接代。

为了防止村里人造反，村里人家中的刀，都要存放在这个蒙古人家中。要切菜了，得打报告，把菜刀申请回来。

村里人对这户蒙古家庭，那是深恶痛绝。但是，蒙古人太强悍，你稍微不注意，就得没命。所以，很多人都把这个蒙古家庭当作神仙供着。

蒙古人为什么这么干呢？这是因为蒙古人根本不知晓汉族的文化。当然，他们也不愿意学习汉族的文化，他们征服的地界大着呢，有波斯、西夏、金国、俄罗斯，等等，凭啥学习汉族的文化？很多蒙古的官员，根本不会汉语。当然，忽必烈除外，他是非常喜欢汉族文化的，他的辅佐大臣耶律楚材也是这样。所以，忽必烈时期，中原地区得到了发展。

但是，中原的富饶，却慢慢地让蒙古人失去了野性。

南宋人缺乏野性，为什么呢？因为他们太富了。蒙古人占了天下，财宝、美女一大把，他们的野性，也慢慢地消失了。

元朝的那些皇子皇孙们，从小就享受着安逸奢侈的生活，自然就丧失了斗志。而且，这种奢侈之风，在整个蒙古人中传播。偌大的元朝，一下子全被金钱美女腐蚀了，速度之快，令人惊讶。话说这个马背上

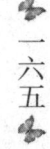

的民族，一代之后，很多人竟然骑不上马。更多的蒙古人，过着衣来伸手、饭来张口的日子，别的，一概不管。

元朝还不停地印刷货币，制造通货膨胀，老百姓好容易攒下的钱，一夜之间就变成了废纸。这一点，让善于积蓄的中原老百姓更加气愤了。

为了获得更多的钱，元朝发明了一种特殊的税收方法，那就是将每块地区的税收，都承包给了商人。元朝的统治者只关心这个商人能交上多少钱，至于商人收税的手段，他们才懒得关心呢。为了收到更多的税，这些商人，那真是不择手段。

此时的元政权，已经腐朽到骨髓了。

但是，瘦死的骆驼比马大。即使元朝内耗，即使腐化，即使对中原地区采取高压政策，但是，他们的统治，还是很稳固的。如果没有非常的事件发生，元朝统治者完全可以坐享大好河山。

很不幸，元朝所处的14世纪，是天下自然灾害最频繁的年代，中国也不例外。饥荒、极端寒冷、瘟疫等自然灾害，接连不断地发生。一般来说，自然灾害是导致农民起义的先兆。此时的元朝掌权者是宰相脱脱，此人还算个聪明人，知道一味对老百姓施压是不行的。于是，他到处救济，无奈，元朝统治者不会过日子，朝廷没钱。而且，即使救济发下去，经过层层剥削，真正到老百姓手里的，也就一点点。

反正都是死，还不如拼命呢。在思想上，贫困的老百姓早就做好了造反的准备了。

脱脱敏锐地看到了，产生饥民的最大原因是黄河水患。在公元1343年，黄河决口，五百万人沦为灾民。要彻底解决问题，就得将黄河修建好。元朝统治者是敢干想干，他们干的就是大事。脱脱吹响了治理黄河的冲锋号,十几万老百姓被抓来了,大家一起修黄河。

脱脱哪里知道,他这不是在治理黄河,是在找人挖坑,从而将元朝彻底埋葬。

十几万人,一下子就聚在一起,不出乱子,那才怪了。这些人原本就对蒙古人恨之入骨,原先在自己家中,人数不多,不敢明着斗。现如今,仇恨的人都聚在一起了,大家伙早就准备好要和统治者血战了。

统治者的军事实力,的确是世界一流。但是,当时的军队也腐化了,更重要的是,元帝国的版图太大了,从欧洲到亚洲,大概有现在中国面积的五六倍大,到处都是元朝的土地。为了守住土地,军队不得不分散在这些地方。真正进攻这十几万老百姓的军队,就少之又少了。

的确,老百姓没有经过军事训练,甚至连菜刀都被收缴了。但是,蒙古人忘记了,仇恨是最大的力量。到了一定的时候,揭竿,就可以起义。

这个时候,一个名叫白莲教的宗教组织,开始了起义的组织工作。没多久,老百姓们起义了。此时,天下的老百姓都憋着一口气,一看别人起义了,纷纷响应。一时间,天下到处都是起义的旗帜。

军队再厉害,也无法镇压了,因为他们陷入了人民起义的汪洋大海之中了。

此后,一个有着讨饭、做和尚经历的人,投入到这场起义之中,迫使那些蒙古人再次骑上战马,当然,不是进攻,而是逃跑,一直逃跑到大漠深处。此人就是朱元璋,他和他的子孙,一直进行着追击蒙古人的战争。

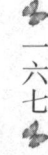

最终，元帝国从偌大的版图，一下子没落到了几顶帐篷的土地，但还是被朱元璋的大明军队给扫荡了。

如果没有可怕的自然灾害，元朝也许还能继续嚣张。中国的老百姓是很善良的，即使被逼得只剩一口气，还会苟延残喘。只可惜，在灾害面前，中国的百姓除了造反，已经没有哪怕是万分之一的活路了。所以，元朝的灭亡，更多是因为自然灾害的结果。当然，这也归结于元朝的高压统治。否则，老百姓会勒紧裤腰带过日子，抵御自然灾害。

明清 = 乞丐 + 太监 + 女人

乞丐、太监和女人，本是最不起眼的角色。但就是这些人，左右着男人，左右着朝廷，左右着皇帝。

建立明朝的乞丐朱元璋，堪称古代中国梦想的集大成者。只要有梦，一切皆有可能。有太监和和尚帮忙，皇帝宝座，也能轻易到手，朱棣就是例子。

在清朝八旗中，有一个女人，从不玩刀耍枪，却成了天下女人的表率。没有她，大清政权只能窝在东北那个旮旯。没有她，顺治当不上皇帝，康熙，也仅仅是个傀儡而已。

明朝的乞丐和狼人

看到叫花子与和尚，你首先会想到什么？

在明朝，你一定会想到，这人说不定就是皇帝老儿当年的合作伙伴。不要小瞧了他，叫花子，是可以当皇帝的；和尚，就更有可能了。

看到太监，你会想到什么？

在明朝，你一定会想到。获得权力，入宫，往往比十年寒窗来得容易些。太监，那绝对是明朝的权贵阶层。即使他们大字不识，巴结他们的人，也大都是些状元、榜眼、探花什么的，一般的举人，还会被笑没文化。

一个和尚，外加一个太监，就让朱棣夺了天下。

从夹缝里钻出来的皇帝

他没有文化,没有好的外貌。为了混口饭吃,他做过乞丐、和尚。但是,就是这样一个从夹缝里求生存的人,将史上最强大的元朝推翻了。他就是大明的开创者,小名朱重八,又名朱元璋。

14世纪,自然灾害席卷全球,这次灾害也没有将朱元璋一家落下。当然,此时他的名字叫朱重八。不要笑话这个名字难听,在元朝的统治下,贱民们有个名字,就不错了。朱重八的老爸,就叫朱五四,更简单好记。

但没人着意去记这个人。水灾、蝗灾、瘟疫,像恶魔一样,已经将朱五四的生命夺去了。接下来,朱重八的妈妈、姐姐,也相继去了西方极乐世界。原本幸福的家庭,只剩下朱重八一个人了,此时,他刚17岁。

站在安徽凤阳的大地上,他欲哭无泪。当时,他只有一个念头,就是要好好活下去,不能让朱家就此绝种。他抹了抹眼泪,开始了埋葬家人的工作。

在大雨之夜,他一个人背着父亲快要腐烂的尸体出了门。家里没有土地,他只能随便找一处乱坟岗子,让父亲入土为安。突然,一阵惊雷响起,父亲的尸体从朱重八身上滑下。朱重八就在那里挖了一个坑,将父亲朱五四埋葬了。

后人喜欢说龙脉,也许,朱重八一下子就将父亲埋在龙脉之上了。但是,当时的他,根本没有这个概念,别说请风水先生了,就是那块地也不是他的。

平安，就是幸福。朱重八虽然没了亲人，但他还是该庆幸。在这场瘟疫中，他竟然能挺下来，一点疾病的征兆都没有。不说"大难不死，必有后福"这类迷信的话，单就朱元璋的身体素质，那绝对符合运动员的标准。他这样的人，就是做民工，也比别人干得好。

只可惜，那个时代商业不发达，打工的机会太少了。朱重八该到哪里混饭吃，成了一个大问题。

这还得感谢他父亲朱五四。当初，朱五四曾经给村口的皇觉寺捐了一点钱。寺庙的方丈记恩，朱重八得以进入空门，当了一名和尚。佛爷，那是当时人们的精神支柱，和尚地位非同小可。而且，元朝的统治者对于佛寺向来看重，所以，僧侣的职业比当小吏还强多了。

在皇觉寺里，朱重八的生活，还是不错的。

此时是公元1343年。

也是元末最黑暗的时刻，农民起义正在酝酿之中，天下，即将大乱。

在佛寺里有吃有喝，虽然没酒没肉，未必能吃好，但这样的日子，已经让朱重八很满足了。可是，好景不长，朱重八又一次面临着人生的选择。

话说朱重八在佛寺享受了两个月肚皮幸福之后，一个消息如晴天霹雳，让他对未来的憧憬彻底破灭了。原来，天下遇到大灾害，佛寺接受的上供也不多了。佛寺粮食不多，解决的办法，那只有一个——裁员。很不幸，朱重八只好下岗另找工作。

这也难怪，朱重八不是老实本分的孩子，在佛寺里，数他最不守寺规。他偷东西,和小伙伴嬉戏,甚至于打架斗殴。这样招惹是非的主,是最不受领导器重的。不让你下岗,让安分守己的下岗,那公正吗?

那时找工作很困难,社会职业少,朱重八也没什么技能。但寺庙里的裁员,和公司不一样,他们不会完全放手不管,而是要做一个妥善的安排,叫"云游"。其意思就是说,寺庙还承认朱重八是本寺的一员,但是不再给你饭吃了。要吃啊,你得出寺,四处讨饭。而且,大和尚还会一本正经地说,这样云游,可以增加你的道行。没准,你云游(讨饭)一圈,没饿死,就成佛了。

朱重八就这样被连哄带骗地重新安排了工作。

没办法,拿着一根棍子,上面系一个破碗,朱重八开始了讨饭生涯。

甭说,这讨饭,还真长见识。读万卷书,不如行千里路嘛。朱重八,一个小乞丐,在社会的最底层,正是这种地位,使得他清楚地感受到人性的恶与善。这段不长不短的讨饭生涯,让没文化的朱重八成熟了不少。他晓得了,人性是恶劣的,人,是那么虚伪。

话说后来朱元璋(重八)为什么能将那么多聪明的人驾驭住,靠的就是这段讨饭时积累的人生经验。

讨饭归来,朱重八看到的却是残垣断壁的皇觉寺。他,彻底失业了。

不得已,朱重八只好继续拿起了要饭的碗。

这时候,他得到了一个消息,他幼年的玩伴汤和,已经当官了,只是在造反的队伍中。朱重八也顾不得多少了,日夜兼程地去投靠汤和。

朱重八所处江淮地区,民风历来彪悍,在乱世,这里是最容易造反的。刘邦,就是从那块地区走出来的。除了讨饭,造反就是这里人维持生计的第二种办法。朱重八去造反,根本不会背上道德的包袱。

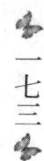

公元1352年，朱重八来到了濠州城。如果不是汤和的求情，他差点被当成奸细给杀了。不过，濠州城的造反头子郭子兴看中了朱重八满身的肌肉，留下他当了一个警卫员。从此以后，濠州城出现一景，万户汤和跟在小兵朱重八身后，毕恭毕敬的。这让人觉得很别扭。可不，万户，相当于现在的团长。团长给小兵当警卫员，八百年没见过。但是，这事就发生了。

汤和，那是早就看出朱重八不是凡人。当然，能有这样战略眼光的人，不多。

朱重八，不，此时他改名朱元璋了。因为他投身部队，虽然干着造反的营生，但大小也是个职业啊，所以，朱重八这个名字不合时宜了。从此以后，朱元璋就与讨饭娃朱重八说拜拜了。

朱元璋造反，那算是找到了人生的定位了。他打仗非常勇敢，不是一般人所能比拟的。所以没多久，朱元璋也就升官了。当然，也就是班长大小的芝麻官。可也赶上朱元璋走桃花运，他这么个面貌丑陋的班长，居然被一个贵小姐给看中了。

话说这贵小姐是谁啊？她是总司令郭子兴的干女儿，又名马大脚。那个时代，女人都是裹脚的，以显示其秀美，和现在减肥，那是一个道理。马大脚不裹脚，就足显其另类。当然，她更另类的还是爱上了朱元璋。

总司令的千金爱上小兵，搁现在，那也是个浪漫剧的好题材啊。鄙人就曾经看过这样的电视剧。结果呢，这样的一对还是被拆散了。为什么呢？门不当、户不对啊。总司令的千金，最起码得配一个尉官嘛。如果汤和做郭子仪的女婿，倒是比较合适。

不知道郭子兴怎么看待这对小鸳鸯，但接下来，他得感谢准女婿朱元璋了。

在濠州城，除了郭子兴，还有几位领导人，他们之间很不和。这一日，郭子兴在逛街的时候，就被几个人给绑架了。一时间，大伙议论纷纷。朱元璋比较有主见，他知道，一定是另外一个领导孙德崖干的，于是他带着大队人马冲进了孙德崖家里，逼着他放人。

孙德崖一看那架势，知道此人不善，只得乖乖地将郭子兴放了。

幸亏朱元璋来得快，稍晚一步，郭子兴就被孙德崖给打死了。

但是，这次行动给朱元璋带来了厄运。

原来，郭子兴是个小肚鸡肠的人，没多大本事。现如今，他身边站着朱元璋这样一个人，感觉压力特别大。换句话说，只要朱元璋在，他郭子兴就无法树立起威望，领导的位子就岌岌可危。

郭子兴的儿子开始对朱元璋下手了。他随便找了个借口，将朱元璋给关起来了，而且不给饭吃。在起义军中，将朱元璋这样的小兵杀死，对于他们来说，是很随便的。这可就苦了朱元璋了。

倒是朱元璋的小恋人马大脚，把饼子藏在胸前，有事没事就给朱元璋送去。这样子，终于救了朱元璋的命，但马大脚却因此把胸部烫伤了。

每个成功的男人背后，都有一个贤惠的妻子。丑陋小兵朱元璋，能得到马大脚的这份真情，真是三生有幸了。就冲着这女子的一片痴情，朱元璋也得好好干，做一个成功人士。当然，在乱世，所谓成功人士，一般都是军事强人。不像现在，一提成功人士，人们就联想到款爷。朱元璋，不就正往这方面发展吗？

郭子兴见没弄死朱元璋,就把他放了。他虽然嫉妒朱元璋,但并不一定要杀死他,好好地利用他,那才划算。郭子兴就派朱元璋去啃硬骨头了,这个硬骨头就是重兵把守的定远。朱元璋明知不可为,但是,他还是要为之,他接受了命令。

结果呢,朱元璋胜利了,而且带回了二十四名贴身骨干。他们分别是徐达、周德兴等等,这些人后来都成为明朝开疆辟地的名将。

对于朱元璋的胜利,郭子兴大失所望。朱元璋呢,也看出了郭子兴的心思。他对自己说,此处不留爷,自有留爷处。所以,他给郭子兴打个辞职报告,带着这二十四个人独自去闯天下了。

带着二十四个干部,朱元璋还愁拉不起队伍吗?没多久,朱元璋的大旗就竖起来了。而且,他手下的兵将是越聚越多。倒是郭子兴,因为斗不过孙德崖,被孙德崖给赶出了濠州城。不得已,他只得投奔了女婿朱元璋。朱元璋不计前嫌,收留了这个落难的老丈人,还将一把手的位置让给他了。当然,郭子兴统率的毕竟是朱元璋的部队,他的位置,象征意义大于实际意义。

有部队了,朱元璋不甘心只守着一个城池,他要扩展。他的眼光已经看到了天下。想当初,他讨饭的时候,就走过大江南北。那时候,他睡在大马路旁,就梦想着有朝一日他要占领这些地区,让那些歧视自己的人尝尝他的厉害。

朱元璋开始了他打天下的旅程。

要说打天下,得有一个好的地盘作为依托。

身在南方的朱元璋,可以得到一块好的根据地,那就是南京。在历史上，很多朝代，都将南京定为首都。为什么呢？大而化之，就是这里有王者之气，具体说，就是南京地理位置显要，而且处于江南富饶之地，补给方便。

这样一来，朱元璋就将南京攻下了。当时，此地叫应天。

有了南京了，短浅的领导者就都想到当皇帝了，不然，浪费了南京这块古都了。可朱元璋才不那么傻呢，他早就看透了，元朝的军力有限，无法全面肃清造反势力。那么，元朝就重点攻击那些称王称皇的造反势力。毕竟，一国不能出现两个皇帝嘛，虽然元朝本身也经常出现这样的事情。

尽管手下再三请求，朱元璋也不当皇帝。他制定了一个政策，那就是：先别急着当皇帝，得广泛地积蓄粮食，做好长期战斗的准备。据考证，不是李善长，就是刘基给他出的这个战略构想，简括三句话为：高筑墙，广纳粮，缓称王。而且，朱元璋还偷偷地与元朝勾结，避免元朝大军先剿灭他们。这就团结了明天的敌人，打击今天的敌人。秦朝是这么干的，汉朝是这么干的，元朝也是这么干的。这叫斗争策略。

朱元璋的这种做法，无疑是最聪明的。另一股造反势力的头子张士诚，就因为急着当皇帝，成为元军的重点进攻对象，把自己搞得很狼狈。倒是盘踞江浙的造反头子陈友谅，盐贩出身，他横得很，从没有跟元朝妥协过。

朱元璋要夺取天下，就得灭掉这两人。先灭谁呢？这很让朱元璋为难。有人说了，有啥为难的，干脆，两个一起打。其实，当时朱元璋的实力，单打一个，都有些吃力。所以，朱元璋只得挑一个。最后，他挑选了实力较强的陈友谅。这是因为朱元璋看透了这两个人，他断定他打陈友谅的时候，张士诚是不会派兵帮陈友谅的。

事情的发展的确如朱元璋所料，他打陈友谅，没人帮陈。但是，陈友谅的势力，也是相当地大。特别是陈友谅的海军，那是无与伦比的。列位看官知道郑和下西洋吧，郑和所使用的造船技术，乃至航海技术，就以陈友谅的海军技术为基础的。

不过，每个人都有弱点。陈友谅比较狂妄，而朱元璋呢，则比较平易近人，他能吸引很多人帮忙。在军事上，朱元璋处于劣势，可在道义上，他却处于优势。可不，双方打了很久，最终，还是让朱元璋胜了。当然，朱元璋的胜利，更多地出自非军事的因素。但不管怎样，胜利了，就是胜利了。

接下来解决张士诚，那就简单多了，朱元璋几乎没费多少力气。

而后，朱元璋开始了与元军漫漫无期的战斗。

之所以说漫漫无期，是因为蒙古人的帝国，其领土太大了。国都北京，他们可以让给朱元璋。朱元璋可以建国，可以统一中国。但是，蒙古人还在大漠深处的某个帐篷里呢，他们的骑兵还时时刻刻威胁着朱元璋的国家。

为了国家的安宁，朱元璋不得不大把花钱，不停地派兵去茫茫沙漠，寻求与蒙古帝国的军队决一死战。从某种意义上讲，大明朝，就没有彻底肃清过蒙古人的军队。

倒是在边境战争中，涌现出了一大批优秀的人才。譬如，朱元璋的儿子朱棣，不仅会打仗，治理国家也不错。只是，他没有治理国家的机会，皇帝继承人的资格，得他自己去争取。

伯父和侄子，看谁狠！

他们俩相差17岁，一个是伯父，一个是侄子；一个长居深宫，一个久经沙场；一个靠柔情获皇位继承权，一个战功赫赫，却面临被削权的危险；终于，他们打起来了。一个说，不能杀掉伯父，而另一个却依靠一个和尚和一个太监，把侄子的皇位夺走了。他叫朱允炆，史称建文帝；他叫朱棣，史称明成祖，又名永乐大帝。

公元1368年，朱元璋建立明朝，定都南京，这自不待说。

话说这乞丐当了皇帝，其做法自然与众不同。对于帮助他打天下的功臣，他则大肆屠杀。为什么呢？这些人权力大，功劳大，就有可能功高盖主。想当年，赵匡胤，不也弄了个"杯酒释兵权"嘛。朱元璋可没有耐心搞那些人情味的东西，他干脆将这些人宰了，一劳永逸。后来，那些人中仅仅剩下汤和一人。汤和，那可是够义气的汉子。想当年，当头儿的他，就规规矩矩地跟在小兵朱元璋身后。但是，对于病入膏肓的汤和，朱元璋还是用一碗药结束他的生命。

要尊敬读书人，因为读书人极有可能升官发财，到时，他们知书达理，也许会提携一下你。乞丐呢，千万不能惹。如果乞丐高升了，对于歧视他的人，狠毒着呢。别说小人不会得志，乞丐朱元璋就成了皇帝，这就是明证。

对待兄弟，朱元璋都能那样，对过去得罪他的人，他更是睚眦必报。想当年，他讨饭的时候，经过山东地界次数多，受到的歧视也多。

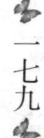

等他坐拥天下后，就命令大将徐达攻打山东，并大开杀戒，狠狠地出了当年的一口恶气。此后，山东地界一度人荒，不得不从外地移民。现如今，山东好多地方的人，一问祖宗，他们会说，远在他乡呢。

朱元璋对待他的乞丐兄弟，还是很客气的。分封地方长官的同时，他还分封了各地的丐帮帮主，称为团头。这样一来，乞丐，也就彻底国有化了，成了这个国家仅次于公务员的第二职业。"奉旨乞讨"或许就是从那时候传开的。这团头，就集审判、财政等大权于一身，甚至于生死大权，团头都掌握。但是，朱元璋也知道，乞丐上不了台面，所以，他规定，乞丐的后代，男的不能读书，女的不能裹脚。不读书、不裹脚，也就意味着这些乞丐的后代当不了官，更不能与大户人家攀亲，还是乖乖地当乞丐吧。

此后的大奸臣严嵩，被罢官后，就被封为天下丐帮帮主，只是他这个乞丐的技术不高，压根讨不到饭，被活活饿死在街头。但是，对于严嵩的封号，丐帮组织还是承认的。现如今，你去叫花子的老窝看看，说不定还供着这个祖师爷呢。

扯远了，还是言归正传吧。

那些功臣，可是久经沙场的老将。没了他们，国家安全、国防事业怎么办？朱元璋的丐帮兄弟都是乌合之众，哪有职业军人的素养啊。但是，朱元璋自有办法。

朱元璋不信任大将，甚至连自己的亲戚都不信任。这样，天下也就没人可信任了。如果事事躬亲还不把皇帝老儿累死了！可不，他的侄子就曾经背叛过他。但是，对于自己的儿子，朱元璋还是信任的。

镇守边疆的任务，就交给了他的儿子们。就这样，公元1370年，刚10岁的朱棣就被分封为燕王。三年后，他就被派到了北方边境，在茫茫大漠中，与士兵们并肩战斗了。

在此之前，朱棣也没过上好日子，他是在凤阳长大的。凤阳，虽然贵为朱元璋的家乡，但直到现在也不富裕。在那里，朱棣更能体贴民情，知道大千世界的是是非非。

当然，和朱棣一样，朱元璋的其他儿子也被派到了各地镇守边疆。只是大儿子朱标，还是住在南京的宫殿中。他是太子嘛，不能有丝毫闪失的。可情况往往事与愿违。朱棣他们在边关杀敌，在刀光剑影中求生存，身体越练越棒；而朱标呢，天天锦衣玉食伺候着，却生起了病。时间是公元1392年。

好在朱标有一个好儿子，名叫朱允炆，当年才14岁。他没别的特长，就是人特别善良。老爸病了，他整天服侍在床前，精心伺候。但是，朱标命中没修来好服气，与皇帝的宝座只有一步之遥了，还是死去了。朱允炆哭得死去活来，也要绝食，一死了之。

朱元璋死了儿子，心里很痛心。看到孙子那样伤心，也动了感情了。他对孙子说，别哭了，你爷爷我还活着呢。从此以后，我们爷俩相依为命吧。朱元璋当时也已经六十多岁的人了，打了一辈子仗，对于天伦之乐，格外地重视。而且，隔代亲，爷爷最喜欢的还是孙子。朱允炆，从此成为朱元璋最亲的人了。

先不谈感情。太子死了，这国家的皇位，得有个新的继承人才行啊。这是大臣们关心的，也是朱元璋揪心的。立谁为继承人呢？

论亲近，朱元璋与朱允炆关系最好。但是，这并不代表朱元璋就放心将皇位交给他。朱元璋的儿孙多着呢，他得找一个最适合的。

朱棣，无疑是朱元璋心目中最好的人选。不仅人长得好，而且从小与穷苦大众打成一片，久经沙场，是个强硬派。治国，就得要有这样的气魄。但是，朱棣是朱元璋的第四个儿子，这违反了立嫡长子为太子的传统做法。

大臣们也议论纷纷，说立朱棣为太子，就有可能引起国家大乱啊。皇帝您的其他儿子，能罢休吗？

朱元璋一听，觉得有道理。但是，他孙子朱允炆也太柔弱了，没有什么历练，除了对自己忠心外，还真没别的本事。别说帝王之气，就男子汉气概都差一大截，整个一小丫头样子。这样的人当皇帝，能够镇得住天下吗？

大臣们说了，没关系，天下已经被你整顿得差不多了。朱允炆只要稳稳地守住天下，就可以了。而他的内敛性格，更能维护你胜利果实的。

这一点，朱元璋倒是认可。于是，在公元1396年，朱元璋立朱允炆为皇太孙。他死了，就这个皇太孙继承皇位了。为了这件大事，朱元璋准备了一个隆重的仪式，其中之一，就是让朱允炆的叔伯们去拜见朱允炆。话说朱允炆虽为侄子，但现在是皇太孙了，除了皇帝、皇太后，别人见了他，那都得下跪的。

话说这三个伯父，常年在外打仗，长得自然威猛些。常年居在深宫的朱允炆哪里见过。他们一跪拜，吆喝一声，就把朱允炆给吓到了。朱允炆立刻关上门，挨个地给伯父们跪拜了。毕竟他是侄子嘛。这叫先行国礼，再行家礼。

皇位让朱允炆继承，这也是情理之中的事情。朱棣自知是四儿子，就是轮着当皇帝，他也是最后一个，于是他也就认命了。但是，这时候，他却遇见了一个奇怪的和尚。这个和尚改变了他的一生，也改变了中国的历史。

这个和尚，到底是个什么样的人？

相学家袁珙说此人"面带杀气，是辅国之才"。但不管怎么说，此人绝对不是一个好和尚，佛门所讲究的清净、与世无争，似乎在他身上没有半点显示。他就是道衍。但此人还是有一点小本事的。朱元璋因为当过乞丐，对乞丐格外照顾；同样，他也当过和尚，对天下的和尚，也同样格外照顾。朱元璋就曾遍招天下有名望的和尚，让他们去南京，给自己讲佛法。此人就被朱元璋再三邀请过，但是，他没有去。

他的心态，或许和诸葛亮类似。诸葛亮本来是可以辅佐曹操的，但无奈曹操手下强手如云，他未必有出头之日。所以，诸葛亮投靠了处于弱势的刘备，刘备自然重视他，而且刘备的功劳，全被后人记在了诸葛亮的功劳簿上。

对于道衍来说，谁是他的"刘备"呢？

朱棣，无疑是最好的人选。

在朱棣北上的途中，他创造了一次邂逅。这样的人才，一般口才都了得。他三言两语，就将朱棣说服了。此后，朱棣就请示老爸朱元璋，将此人调入北京，和他朝夕相处。

在一次偶然的机会，道衍对朱棣说了，这皇帝，你也可以当的，凭啥让朱允炆那个"娘娘腔"当。在当时，说这话，那可是冒风险的。朱棣完全可以一声令下，以谋反的罪名，将这个妖和尚给抓住。

但是，朱棣没这么做。因为对于当皇帝这样的美事，他何尝不愿意呢。只是他父亲看不中他，他也没办法。小时候，他还和朱允炆这个侄子玩过，毕竟他们年纪相差不了多少。可一旦朱允炆当上皇太孙后，他嘻嘻哈哈拍朱允炆的肩膀，就遭到老爸朱元璋的斥责。但是，从心底里，他还是瞧不起朱允炆的，没硬气，没能力，更没威望。如果要打仗，他这个侄子说不定连大刀都握不住。

于是，朱棣开始和这个道衍进行了造反前的谋划。当然，这仅仅是一次务虚会，是否造反，朱棣还在犹豫不决呢。

如果不是建文帝朱允炆先出手，也许朱棣不会立即造反的。但是，朱棣也不会放弃他在北方的利益。所以，建文帝与朱棣之间，迟早得有一次争斗。

话说朱允炆不是没有看到他的叔伯们的狼子野心。他没有登基，就已经看出来了。但是，皇帝是他的爷爷朱元璋，而不是他。他，当时也无能为力。

倒是朱元璋，没有看出孙子与自己的儿子们之间的矛盾。他信誓旦旦地对朱允炆说，我把你的叔伯们都派到边疆去镇守，以确保天下安全。将来，你就安心地当皇帝吧。朱允炆不无好气地说，如果叔伯们要夺我的江山呢？我怎么办？

朱元璋脸色变了，他不允许孙子这么怀疑自己的儿子们。但是，这的确是一个大问题。他虽然杀人无数，但是，要他往自己的儿子头上下刀子，他还做不到。虎毒还不食子呢，他的儿子一没有造反，也没有不忠于他，他凭什么要儿子们的命呢？

和刘邦一样，朱元璋对于儿子们各自为王，基本采取了听之任之的态度。退一步说，如果建文帝与他的儿子们斗起来，继承他江山的还是他的血脉。但是，一旦他将自己的儿子们都干掉，建文帝假如遇到不测，他亲手缔造的江山将不再姓朱，那才是最危险的事情呢。

从这方面看，朱元璋的想法不无道理。

带着满足感，这个从乞丐到皇帝的人物，终于倒下了。时间为公元1398年。

在临死前，朱元璋想起了孙子朱允炆的担心，于是他留下了遗诏，让儿子们不要进京来奔丧，以防止儿子们乘机作乱。而且，他解除了儿子们对属下官吏的领导权，这些官吏直接听命于朝廷，儿子们只对自己的卫队有管理权。

朱元璋死之后，朱棣等人还乖乖地待在属地，国家没有乱，朱允炆顺利地登基，是为建文帝。

但是，建文帝虽稳坐在龙椅上，心里却在担心他的三个叔伯。这些人似乎都在盯着他屁股下的龙椅呢，所以，削减叔伯们的势力，成了他的当务之急。

削减藩王势力的做法，在汉朝，就有失败的教训，也有成功的例子。汉景帝强硬地削减藩王权力，最终酿成了"七王之乱"。汉武帝呢，采取了"推恩令"的方式，让藩王将自己的势力分给每个儿子，每个儿子再分给每个孙子，这样一来，藩王的势力就被慢慢地削减了。建文帝采取哪种做法呢？

建文帝是朱元璋的孙子，身上多少继承了朱元璋的性格，他可受

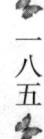

不了那种循序渐进的方式。刚登基一个月，就对周王朱橚下手了。话说这朱橚生性比较狂妄，在朱元璋当政的时候，就受过处罚。但是，此人屡教不改。建文帝朱允炆当皇帝之后，他就大言不惭地说，这皇位即使轮不到燕王朱棣，也该我来做，怎么让朱允炆这个小字辈给抢先了呢？不料，这话被朱橚的儿子听见，并且向建文帝告发了。

建文帝一怒之下，就把周王全家逮了起来，剥夺了他的王位，而且放在一个小牢房里，一日三餐都是从小洞里塞进去。建文帝要让周王朱橚知道，皇帝是不能骂的，造反之心是不能有的。

补充一点，这个朱橚是个著名的医药学家。他编写的《救荒本草》，至今在国际上影响深远。放在如今，他会是著名的人道主义者。只可惜建文帝没有发现他的才能，否则，任命他当一个卫生部长，或者太医院的院长，也算没辱没人才啊。

办了周王之后，建文帝开始敲山震虎了。他下达了一个命令，全天下的人都来讨论讨论周王朱橚的罪行。

朱棣一看这命令，就知道是冲着自己来的。但是，有什么办法呢？建文帝可是皇帝啊。而且，周王朱橚谋反，那可是他儿子亲自告发的，谁能翻供？朱棣要说半个不字，就有可能被建文帝抓住把柄。到时候，朱棣自己也会被加上谋反的罪名。

此时的朱棣一筹莫展。

倒是朱棣的小老婆，一个名叫徐妃的人，给出了个主意。她说，建文帝打嘴仗，我们奉陪就是了。她信手拈来，就写出了一个奏书。这个奏书，与当年曹植被逼写的七步诗，有得一比。正是这个奏书，将朱棣和建文帝的关系拉近了，是否杀朱棣，建文帝犹豫了。

这个奏书的大意是，周王那样子做，的确不咋地，但是，大家毕竟是一家子人嘛，你还得顾及一下骨肉亲情。即使周王有做得不对的地方，不是还有朱元璋的祖训吗？我们这些后辈人，哪里敢乱说。还是希望皇帝您，想到祖上朱元璋希望我们和睦的愿望，多施恩德。

这奏书明理是求情，暗里却搬出了朱元璋来，意思是说，建文帝杀周王，那是在杀爷爷朱元璋的儿子，也就是和朱元璋过不去。

建文帝看到这份奏书之后，心也软了。想当年，这些叔伯们那么喜欢他。叔伯家好吃的东西，他也没少吃。现如今，向他们放冷箭，心里确实不是滋味。

但这毕竟是事关皇位的大事，建文帝手下的那些大臣，又在那叫嚣着，不能让这些藩王存在了。建文帝的屠刀又举起来了。

建文帝一步步地紧逼朱棣，朱棣不得不动手了。否则，他的一切都将消失殆尽，他的小命说不定也难保。而在这时，一个相学家走进了朱棣的生活。

建文帝狠下心来，将朱元璋的又一个儿子齐王朱榑召进宫来，取消他的王爷户口，划为老百姓。至于罪名，就和秦桧杀岳飞一样——莫须有。

接下来，建文帝借口湘王朱柏私印钞票，派使臣去抓他。朱柏不愧一个血性的汉子，他怒斥那些小兵，自己是朱元璋的儿子，何等尊贵之人，就你们，也配抓我？！接下来，他带着全家人走进房子，一把火，集体自焚了。

此时，朱棣心急了。不用说，下一个就轮到他了。

这时，那个叫道衍的和尚来了，他告诉朱棣，造反吧。不造反，

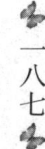

等着你的就是深牢大狱啊，别说美女了，就连吃的牢饭，也是从小洞里送进来的。但朱棣还是犹豫不决。造反，他能取胜吗？如果造反，他没有取胜，他的下场将更加惨烈。

道衍为朱棣引荐了一位相学家。此人看相了得，道衍就被他看过，被认定有辅国之运。朱棣半信半疑，于是他摆了一个局，静候着这个相学家。

这个相学家名叫袁珙，当时有人赞叹他为天下第一相学家。传说为了看相，他从练习眼力开始，在黑屋中，能辨别出物品的颜色。看相，就没有过不准的。他接到邀请后，就去了朱棣的府邸。刚走到门口，他就对门口的侍卫感兴趣了。他对其中的一个侍卫下跪，说，您就是朱棣王爷吧。旁边的侍卫都笑话他认错了，但是，他一口咬定那个侍卫就是朱棣。

果然，那个侍卫就是朱棣扮演的。这下子，朱棣对他心服口服了。朱棣连忙把此人让进府邸，请他看看自己的面相。袁珙说，你是天子之相啊。朱棣一听，很高兴。看来，当皇帝，他还是有希望的。

于是，朱棣的心思倾向于造反这一面了。

顿时，身在北京的朱棣加快了招兵买马的速度。而此时，朝廷与朱棣的关系也是箭在弦上，似乎一触即发了。但是，还没开战，朱棣就先败了一着，原来他的三个儿子还在都城南京呢。他阴谋着造反，建文帝能放过他那三个儿子吗？

怎么办？

和尚道衍和相学家袁珙给出了方法——假痴不癫。通俗地说，就是让朱棣装疯。朱棣疯了，建文帝也就松懈了。但是，如何让建文帝相信朱棣真的疯了，那是个大问题。要知道，当时北京城的地方官员，是直接归建文帝管辖的。过了不久，这些官员，一个个来查，发现朱棣的疯症，不像是装的。

而且，朱棣为了表演逼真，还跑到大街上去疯。堂堂一个王爷，在大街上疯癫，让大家不信，也是很难的。就这样，建文帝想起了朱棣的三个儿子，这些人，毕竟还是自己的堂兄弟，何必要置他们于死地呢？于是他心软了，将这三个堂兄弟放回来了。

建文帝的心肠，还是比较软弱的。当初，朱棣擅自拍他肩膀的时候，朱元璋就要给朱棣点颜色看看。还是他求情，才使得朱棣免于牢狱之灾。而如今，他又念及堂兄弟的情义，放了朱棣的儿子。不狠心的皇帝，难成大器。

朱棣的儿子回来了，朱棣装疯的次数也少多了，但他的生命还一度处于危险之中。

这天，一个叫张信的人来到了朱棣的府邸。朱棣一见他，疯得更厉害了。张信无奈，只得把朱棣拉到内屋，对朱棣说，别装了，我知道的。朱棣大声地说，我不是装的，我真的疯了，不信，你看！

话说朱棣为什么见到张信，就会刻意地疯癫呢？因为张信不是别人，那是建文帝的心腹。建文帝派心腹来，那是在试探自己，朱棣哪里敢怠慢。但是，张信的一句话，让朱棣立刻变成了正常人。

张信说，建文帝让我来杀你。我没干，我是来救你的。

朱棣何等聪明，立即收起疯癫之相，下跪感谢。而且，朱棣还立即叫来了道衍，大家一起商议对策。不料，就在此时，朱棣又一次陷入了危险之中。

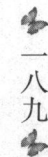

原来，北平的官员接到了建文帝的诏书，来抄朱棣的家了。眼看着，朱棣的府邸就被士兵围住了。朱棣府里的那点士兵，根本无法对付。怎么办？就在此时，朱棣想出了一个妙计，对手下人说，让领头的人进来。

手下人就去通报了。这几个领头的，平时就来过朱棣的府邸，那都是恭恭敬敬的。现如今，虽然来逮捕朱棣，但面子上还要过得去，于是他们没有带士兵，就进来了。这些人一进朱棣的府邸，朱棣发起狠劲，二话没说，就把这些人结果了。然后，朱棣走出大门，对那些小卒子说，你们的长官被杀了，我也准备造反了。想跟我干的，就来吧。不跟我干，滚蛋！

接下来，朱棣又迅速地控制了北京其他地方的军队。

朱棣，正式造反了。

朱棣和建文帝撕破脸皮后，双方的战斗也开始了。打仗，还是朱棣比较擅长，但是，建文帝拥有的士兵人数比较多啊。换一个角度来看，他们叔侄之间的斗争，似乎是一场心理的较量。谁更狠，谁就能获得最后的胜利。

朱棣打建文帝，那得找一个好的借口。这个借口朱棣找到了，那就是侄子的身边有很多坏蛋，他打仗的目的，就是要消灭这些坏蛋。用文雅的方式说，就是——清君侧。

这两个叔侄之间经历了大小上百场仗。他们的战斗暂且不表，但就分析一下朱棣战胜的原因。我们不难看出，还是朱棣够狠。

话说朱棣可以在建文帝的军队中横冲直撞，如入无人之境，为什么呢？这就是源自建文帝的一道命令，那就是，谁都不能杀死朱棣。这道命令，似乎就是朱棣的护身符。如果朱棣愿意，他可以骑一匹马，从北京直接冲到南京，因为沿途的人因为这道命令，不敢向朱棣放箭，更不敢杀朱棣了。顶多是布下天罗地网，将朱棣抓获，而且还得确保这天罗地网不能太厉害，以免将朱棣误杀。

朱棣呢，则没有这方面的顾忌。他指挥的部队人数虽然少，但和建文帝的政府军打起来都动真格的，杀起人来，毫不眨眼。这样一来，胜利的天平慢慢地向朱棣这边偏斜了。建文帝的那些士兵知道，反正是朱家人之间的斗争，他们战死了，未必领到抚恤金，还不如拿着武器装装样子呢。

最后，朱棣真的冲到南京城下了。但是，南京城他老爸朱元璋经营了多年，可不是那么容易攻克的。况且，南京城内还有二十万士兵。如果面对面硬碰，朱棣绝对占下风。

此时，朱棣开始玩阴谋了。对于他来说，攻打建文帝本来就是非正义的，此时他又何必那样光明正大呢？这时候，一个人进入了他的视野，正是这个人，让朱棣顺利地攻下了南京城。

在那个漆黑的夜晚，朱棣见到了这个人。和别人说话的声音不一样，此人男儿身，说起话来，却显得那么尖细，仿佛女人的声音一般。他曾为朱棣送来了不少情报，此时，他又给朱棣指引了一条道路。没费多少工夫，朱棣的大军进入了南京城。

话说此人是谁呢？尚不可考。但是，此人的身份早已明了，他就是建文帝宫殿里的一个太监。朱棣在很早的时候，就和他有勾结了。

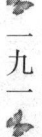

其实，朱元璋早就大肆地使用太监，譬如东厂、西厂特务机构。太监，也只有太监对建文帝的一举一动知根知底。他帮助朱棣，朱棣能不胜利吗？

公元 1402 年，朱棣攻克了南京城。

只是，朱棣夺得了天下，却失去了人心。

那天，迎接他入城的明朝官员少之又少，而且，还有官员手拿利刃，准备将朱棣暗杀掉，更多的官员是穿着丧服，为前皇哭丧。这一切，都因为朱棣违背了正统，篡了侄子的位。而让朱棣更恼火的是，他侄子的宫殿起了大火，建文帝再也找不到了，就连皇帝的玉玺也失踪了。

没办法，朱棣开始发狠了，将那些不听话的大臣一个个地杀掉，而且，将建文帝的妃子挨个强奸，将建文帝的太监全部宰了，当然，那个当内奸的太监除外。在杀建文帝时期的第一大臣方孝孺的时候，朱棣犹豫了。因为他的谋士道衍说过，要忍住，不能杀掉方孝孺，否则天下的读书人会绝种的。但是，方孝孺誓死不投降。朱棣一气之下，将他十族全部杀掉了。

野史说，朱元璋破元朝的时候，将元顺帝的蒙古妃子强奸，生下朱棣。这种说法有点牵强，但就朱棣杀戮的行为来看，倒有几分蒙古人的做派。

几万人，就这样随着南京城的大火而灰飞烟灭了。

随后，朱棣不杀人了，因为朝廷没有人了。不说办事人员，就连官员，不是被他杀掉，就是逃跑了。他得找人，让这个朝廷运转下去啊。

就这样，朱棣继位了，是为明成祖。时间是公元 1403 年的 6 月 17 日。

纵观建文帝和明成祖朱棣的对决，我们假设一下，如果建文帝给士兵下一道这样的命令，那就是，让手下见到朱棣，一律格杀勿论，那么，朱棣的人头早就摆在建文帝的桌案上了。在双方打仗中，朱棣曾多次面临危机。那时候，只需要一支箭，就可以送他上西天。但建文帝却下达了不许杀朱棣的命令。看来，他还不够狠。无毒不丈夫，建文帝既然软弱，那就让位给更狠的伯父朱棣吧。

不能否认，明成祖朱棣，那是一位雄才大略的皇帝。

因为他老认为自己不是正统，所以当皇帝的时候，格外勤奋，每天大清早起床，晚上深夜才睡觉，从没有过休息日。他一生，没有几次在宫殿里过生日，因为那时候，他还在忙着各地视察呢。

和他的老爸朱元璋差不多，朱棣对太监格外倚重。想当初，他攻进南京城就是靠太监帮忙的。为了寻找建文帝，以及炫耀自己的强大，朱棣还派了个太监，驾着中国的船队游了几次太平洋。此人叫郑和。

一个女人和大清王朝

她,以一个蒙古女人的身份,来到了清朝,看着清朝政权从一个小旮旯发展到了全国。没有她,清朝的政权将遭分裂,顺治、康熙皇帝也将不存在。她是大清第一女人,可媲美于武则天。

她是幸福的,清朝的功劳簿上,她名列前茅。

媲美武则天的大清第一女人

清朝,是满族人建立的政权。满族人,可比汉族人彪悍多了。他们自小骑马,天生就是好战士,别说女人了,就是一般的男子,对他们也畏惧三分。但是,清朝的建立,功劳最大的,还就是一位女人。这个女人,不仅仅将男人收拢在自己周围,还让自己的子孙顺利地当上了皇帝。

话说此人是谁啊?她名叫大玉儿,后人尊称她孝庄太后,名头够大了吧。

还是从她和多尔衮的初恋开始说起吧。这段初恋，可让多尔衮这个大清第一悍将记了一辈子啊。

大玉儿是蒙古人，生活在蒙古的科尔沁大草原上。多尔衮呢，那可是清朝（当时称后金）皇帝努尔哈赤的儿子。只是，那时的大清政权还比较弱小，缩在东北的一个小县城里。倒是大清的女真人和蒙古人关系一向非常好。女真人娶老婆，一般都娶蒙古女人。

一次，多尔衮去大草原玩耍，碰巧大玉儿也在那儿。他们两人一相见，脸都红了，就像贾宝玉见到了林黛玉。当然，少数民族大胆一点，两人没聊上几句，多尔衮就抓住了大玉儿的手发誓，这辈子非大玉儿不娶；大玉儿也激动地躺在多尔衮的怀抱里，感觉很温馨。

没几天，大玉儿果真接到了爱新觉罗家族的提亲。这爱新觉罗家族，就是多尔衮他们家。大玉儿梳妆打扮一下，就跟着那帮人去了多尔衮家。一入洞房，大玉儿才发现，敢情她是上对花轿嫁错郎啊。新郎不是多尔衮，而是多尔衮的哥哥皇太极。皇太极可是当时的皇帝，也是个不简单的人物。

无奈，大玉儿只好认命了。

倒是多尔衮听到这个消息后，就赶到了哥哥家。只是，他来迟了，大玉儿洞房都入了，没你多尔衮什么事了。多尔衮心里那个气啊，真是没处撒。因为清朝人讲究不多，多尔衮还是见到了大玉儿。只是，他得喊大玉儿嫂子了。

第一次见面，多尔衮骂开了，凭什么啊，你大玉儿的姑姑，皇太极娶了，现如今，把你又给纳入洞房了。你们姑侄两人服侍他一个大男人，他倒舒服。其实，皇太极后来还把大玉儿的表姐也娶回家了，

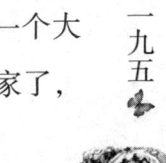

形成了姑侄三人服侍他一个男人的局面。

大玉儿也没有办法,她后来给皇太极生了一儿三女。她还得耐心地劝说多尔衮,最终,将这个汉子说动了。要不然,多尔衮是要和哥哥皇太极拼命的。

如果在此时,多尔衮带着一支部队和清朝皇帝皇太极开战,清朝也就只能在东北那旮旯混了,大明王朝也就不会那么快灭亡了。皇太极要把明朝江山夺回来,还指望这个弟弟呢。

失去爱的男人,最喜欢发疯了。多尔衮也不例外,他不在别的地方发疯,就在战场上发疯,和大明朝的军队一次次地厮杀。最终,他打进了紫禁城。

此时是公元1644年。

在紫禁城,多尔衮看着明朝皇帝的龙椅,眼馋得很啊。

而此时,皇太极已经在前一年,即公元1643年,死在了东北沈阳。

在临死前,皇太极没有明确谁继承他的皇位。

列位看官要问了,这是为什么呢?皇帝一死,继承人不明确,最容易天下大乱的。但是,皇太极此时这样做,才是最聪明的举动。皇太极知道,大部分的天下是他弟弟多尔衮打下来的。多尔衮掌握了大清的精锐军队;如果他把这个皇位让给多尔衮,倒也合情合理。可是,他有儿子,他当然愿意把皇位给自己的儿子了。但是,如果他确定自己的儿子为继承人,就会激怒弟弟多尔衮。篡位,也就在所难免了。如此这样,还不如不立呢。

这样一来,他就把多尔衮置于道德的天平上了。多尔衮篡位,就有悖于哥哥的信任。

但是，感情与皇位相比，就显得很脆弱了。多尔衮即将面临的皇位，那可是统治天下的大清皇位，不再是缩在东北那旮旯的后金政权了。

多尔衮要篡位，谁能阻止？他的实力最雄厚，力气也大得惊人。和他作对，绝对是吃不了兜着走。这时候，只有庄妃，即大玉儿出马了。她只对多尔衮说了一句话，没错，仅仅一句话，就使多尔衮乖乖地让皇太极的儿子继位了。

一句话，就能让一个人放弃皇位。这句话，真是太重要了。

其实，大玉儿没有说什么好听的话，她仅仅是揭示了一个事实。当然，这个事实，也许是无数的史学家给否定了。但不难想象，这个事实，也许是真实的。

大玉儿究竟对多尔衮说什么了呢？原来，她把多尔衮拉到墙角，悄悄地对他说，福临（即大玉儿给皇太极生的儿子）那可是你的骨肉啊。这多尔衮一听，就愣住了，他是和大玉儿做过几次那样的事儿，但没想到有结果。

大玉儿接着说，你想想，你篡位当了皇帝，大家都会耻笑你。如果福临当皇帝，名义上是继承皇太极的皇位，其实，就是你的儿子当皇帝了。那和你当皇帝，有什么不同呢？于是多尔衮被说服了。

没多久，也就是这年的十月，多尔衮将福临推上了皇帝的宝座，是为顺治帝，清朝的旗号也正式地打出来了。多尔衮自己呢，不甘心寂寞，他把大玉儿娶回家了，虽然大玉儿是他的嫂子。

此时，有人要问了，你怎么知道顺治帝是多尔衮的儿子，大玉儿真的说过此话吗？话说当时，多尔衮的实力最为雄厚，他为什么不当皇帝呢？即使他当时没机会当，他身为摄政王，总揽天下，完全可以将顺治那个小孩子废黜，自己当皇帝的。可他为什么不做呢？这也许是个难解之谜。倒是顺治，自始至终不认多尔衮这个来路不明的爹。

作为摄政王的多尔衮，为清朝统一天下立下了汗马功劳。可是，就在他当摄政王的第七年，即公元1650年，多尔衮打猎的时候，在马上摔下来，死了。他死后，顺治就毫不客气地"秋后算账"了。他把多尔衮的胞弟杀了，将多尔衮的封号摘掉，而且，将多尔衮从坟墓里挖出来，狠狠地鞭尸。

如果多尔衮地下有知的话，不知会对这个"儿子"的行为怎么看。

顺治帝是个没啥出息的皇帝，胆小怕事，干得不怎么样。据说，后来他还厌恶了当皇帝的生活，跑去当和尚了。这是否属实，不敢说。但如果真是这样，还真枉费了他老妈孝庄太后的一片心意。

为了大清的天下稳定，孝庄痛定思痛，选中了孙子康熙以精心培养。在公元1661年，孝庄将8岁的康熙送上了皇位。

康熙为什么会被选中呢？

当时的清朝，医疗还不发达，不少孩子就因为出天花而一命呜呼了，皇子也不例外。顺治皇帝的儿子多，但大家都在担心，他们会不会被天花病给折磨死呢，所以，皇帝继承人不好找。偏偏是康熙，经历过天花的折磨，硬是没死。孝庄一看，这孙子生命力强，是个当皇帝的好材料。

于是，康熙就这样当上了皇帝。

俗话说，隔代亲。对于康熙，孝庄那可是十分疼爱。要不是孝庄撑腰，那些朝廷大臣还不把康熙欺负死了。可不，康熙和鳌拜就结下了梁子。鳌拜因为军功了得，俨然成为了天下的统治者。在他眼里的康熙，只是个小摆设而已。

对于此，孝庄是心知肚明的。她对孙子康熙说，不要急，鳌拜可是大清第一勇士，依目前的势力，是扳不倒鳌拜的，所以，不妨哄着那个武夫。所以，鳌拜接二连三地受到康熙的嘉奖。鳌拜过生日，康熙还亲自去送酒，感动得鳌拜老泪纵横。

与此同时，一队小伙子进入了康熙的宫殿，他们陪着康熙玩耍、摔跤。

公元1668年，就在鳌拜进入宫殿的时候，那帮小伙子一拥而上，就把鳌拜抓了起来。而在宫外，孝庄秘密指挥军队，也以迅雷不及掩耳之势，将鳌拜的手下人挨个地控制住了。就这样，康熙从傀儡变成了实权皇帝。

当然，说鳌拜想篡位，还是有点冤枉他。他是大清的武夫，打仗了得，而且脾气暴躁。将竞争对手杀掉，那是他的本性。至于杀皇帝，如果他愿意，早就杀了，不会等康熙下手了。对于康熙而言，为了获得皇帝的实权，杀鳌拜，那也是必须的。

掌权的康熙，对奶奶孝庄非常地孝敬。孝庄病了，康熙亲自服侍，连食物，都先试试冷热，再喂给奶奶。在政治上遇到难事，康熙也去请教孝庄。可不，康熙平定三藩，那也是在孝庄太后的指点下，才慢慢实现的。

但是，人不是神仙，总有去世的那一天。

公元1688年，孝庄太后彻底地离开了康熙。临死前，孝庄还说，康熙才是她最疼爱的孩子啊。康熙是哭得死去活来。但是，擦干眼泪后，康熙又被一件事情给难倒了。

康熙为难的事情，那就是把奶奶孝庄太后葬哪里啊。

前文已叙，孝庄太后先是嫁给了皇太极，后来，又和多尔衮结成了夫妻。当然，她与多尔衮呢，没有领结婚证，属于事实婚姻还不是法律婚姻。按说，这女人死了，要与老公合葬的。这孝庄是与皇太极合葬，还是与多尔衮合葬呢？

列位看官要说，与皇太极合葬啊。一女不嫁二夫，孝庄与多尔衮的那点关系，还是不提为好。可问题又来了，皇太极死时，孝庄太后还是个妃子啊，皇太极的皇后已经抢先与皇太极合葬了。

这是个大问题，大智慧的康熙思考了一辈子，也没有找到解决的办法。孝庄太后的棺材，也硬是被停放了三十年，直到他的重孙子，即雍正皇帝，才找到了解决的办法。那就是，另外再修建一个陵墓，单独安葬孝庄太后。如今，此陵墓位于东北沈阳以西，名叫昭西陵。若去沈阳旅游，建议去凭吊一下这个大清第一女人。